や能力があるため、保険会社側に一定の歩み寄りを求め、重要事項説明義務（契約概要・注意喚起情報を用いたわかりやすい説明）等が求められることとなっています。

「保険法」は、保険契約に係る当事者・関係者の契約上の権利義務関係を規律する私法です。特徴的なことは、その条項より保険契約者等に不利なものを無効とする片面的強行規定が多く導入されている点です。その趣旨は、上述のトラブル防止・保険契約者等保護の観点を私法においても実現するところにあるものと考えます。

上記のようなトラブルは、消費者が自らのニーズに合致した保険商品を選択購入するための環境が整備され、その自己責任を無理なく認識しうる状況となってはじめて実現されるものでしょうが、「保険法」の施行は、その実現に大きく寄与するものと考えます。

そのような「保険法」について、当職らが所属する弁護士法人中央総合法律事務所の所属弁護士を執筆者として、一問一答形式で解説を加えたのが、本書です。長い歴史をもつ保険の世界において、我々は若輩者にすぎませんが、本書が、保険実務者や保険法を学ばれる読者にとって、1つでも新しい視点・アイデアを提供できるものだとすれば、これに勝る喜びはございません。

最後になりましたが、経済法令研究会の地切修氏には、本書の刊行にあたり、本当にご尽力頂きました。その温かい激励に、心より感謝いたしま

2010年3月　　　　　　　　　　　　錦野 裕宗　松本 久美子

一問一答 新保険法の実務

弁護士法人 中央総合法律事務所 編

経済法令研究会

は　し　が　き

　「保険法」の施行日（平成22年4月1日）が間近に迫る中で、このはしがきを執筆しています。

　「保険」は、生命保険・損害保険とも一般消費者に身近な存在であることに疑いありません。万一の場合のリスクに備える機能を有するもので、一般消費者が社会生活を営むうえにおいて「保険」の位置づけは重要なのとなっています。現状においても相当に普及しており、その社会的な性を否定することは不可能なものと考えます。

　「保険」という言葉自体、投資信託、デリバティブ等と比較し、費者に安心感を与えるイメージがあります。これらは、同じ金融いないのですが、「保険」を金融商品ということに違和感すら覚えます。

　しかしながら、「保険」も金融商品の1つであり、保険会者との間の契約です。そして、その契約内容を定めるのは保当然のことながら、保険契約は、果物のように手に取るえるものではなく、それを規定した約款は、分量や専門由から、法律専門家でもその全部を読破することには、が必要とされるのではないでしょうか。

　契約の両当事者が、契約内容を全部読んで、十分理たとすれば、そこにトラブルは発生しません。しか記の理由から、それを実践することには相当の困が「保険」関連のトラブルの原因となります。

　そのようなトラブルを防止するために、行政し、保険商品にかかる金融庁の認可制や、保

目　　次

Ⅰ　総　　論

▶1　保険法改正の目的および改正の概要

Q1　保険法制定の経緯および旧商法からの主要な変更点について教えてください。………………………………………………………………2

▶2　保険商品

Q2　保険法上、保険には、どのような類型がありますか。また、世の中には、火災保険、自動車保険、定期保険、傷害保険、医療保険などさまざまな名称の保険がありますが、主な保険商品の特徴を教えてください。………………………………………………………………6
Q3　団体定期保険とはどのような保険商品でしょうか。………………11
Q4　消費者信用団体生命保険とはどのような保険商品でしょうか。…14

▶3　保険業

Q5　生命保険会社や損害保険会社として保険業を行うために免許が必要とされるのはどうしてでしょうか。また、これらの会社以外にも保険業を営むことを許されている者は存在するのでしょうか。…………19
Q6　保険業とはどのようなものでしょうか。たとえば、家電メーカーが行うような品質保証は、保険業に該当し、免許が必要となるのでしょうか。……………………………………………………………………25
Q7　保険会社は保険業以外の業務を自由に行うことができるのでしょうか。どのような業務を行うことができ、どのような業務を行うことが

できないのでしょうか。 ……………………………………………………31

▶4　保険契約の当事者

Q 8　保険契約の当事者は誰でしょうか。また、保険契約には当事者以外にどのような関係者が存在するのでしょうか。 ……………………37

▶5　保険約款

Q 9　保険約款とは、何でしょうか。また、その解釈方法や効力が制限される場合についても教えてください。 ………………………………42

Ⅱ　保険契約の成立

▶1　保険募集

Q10　保険募集とは何でしょうか。その主体や必要な資格について教えてください。 ………………………………………………………………48

Q11　保険募集人は保険の販売勧誘を行うにあたり、どのような情報を提供する必要がありますか。 ……………………………………………52

Q12　保険募集人が保険の販売勧誘を行うにあたり、免責事由に関し必要な情報を提供しなかった場合、保険会社や保険募集人が損害賠償義務を負担することがあるのでしょうか。 …………………………………58

Q13　保険商品の販売勧誘に関する適合性原則およびそれに関わる法制について教えてください。 ……………………………………………61

Q14　銀行等が保険商品を販売する場合、特別なルールはあるのでしょうか。 ………………………………………………………………………66

Q15　変額年金保険、外貨建て保険、ＭＶＡを利用した保険について、販売勧誘を行う場合、特別なルールがあるのでしょうか。 ……………70

▶ 2　保険契約の成立要件

Q16　保険契約が成立するにはどのような要件が必要でしょうか。損害保険契約と生命保険契約とに分けて説明してください。……………74

▶ 3　クーリング・オフ

Q17　保険商品にはクーリング・オフが認められているのでしょうか。また、クーリング・オフができる場合、行使期間や行使方法などの制限はありますか。………………………………………………………………78

▶ 4　告知義務

Q18　告知義務とは何でしょうか。どのような場合に告知義務が発生するのでしょうか。…………………………………………………………82
Q19　告知義務に違反するとどうなりますか。告知義務違反の効果を教えてください。……………………………………………………………85
Q20　いわゆる因果関係不存在特則について教えてください。…………88
Q21　保険会社における告知の取扱いについて留意すべき点はありますか。………………………………………………………………………90
Q22　保険法上の告知義務違反に基づく解除と、民法上の詐欺取消しや錯誤無効との関係について教えてください。………………………94
Q23　他保険契約の告知義務は、保険法において、どのように取り扱われていますか。……………………………………………………………98
Q24　契約前発病不担保条項とは何でしょうか。告知義務とは違うものでしょうか。また、このような保険契約について販売勧誘を行う際、あるいは保険金等の支払を行う際の留意点を教えてください。……102

▶ 5　被保険者の同意

Q25　第三者を被保険者とする生命保険契約において、被保険者の同意が必要なのはどのような場合でしょうか。………………………………107

Q26 傷害疾病定額保険における被保険者の同意について教えてください。……………………………………………………………112

▶6 遡及保険

Q27 どのようなものが遡及保険に該当しますか。またその有効性の判断基準について教えてください。……………………………114

▶7 契約締結時の書面交付

Q28 保険証券とは、どのようなもので、どのような事項が記載されているのでしょうか。……………………………………………118

▶8 片面的強行規定

Q29 保険法おける「保険契約の成立」の規定の中で、片面的強行規定とされているのはどの規定でしょうか。また、片面的強行規定違反が問題となる具体例についても教えてください。……………………122

Ⅲ 保険契約の効力

▶1 第三者のためにする保険契約

Q30 第三者を被保険者とする損害保険契約を締結した場合、被保険者はその利益を受ける意思を保険会社に示す必要がありますか。……128

▶2 損害保険における超過保険

Q31 超過保険とはどのようなものでしょうか。また、契約時、超過保険であることを知っていた場合と知らなかった場合とで、保険契約の効力に差異がありますか。……………………………………………131

▶3 保険金受取人の指定・変更

Q32 保険金受取人が、①「妻A」、②「相続人」と指定されていますが、保険金受取人は誰と解釈すればよいでしょうか。②の場合、相続人間の取得割合はどのように考えればよいでしょうか。 ………… 136

Q33 保険契約者が保険金受取人を変更する場合、どのような手続をとればよいでしょうか。また、変更の効力はいつ発生するのでしょうか。
………………………………………………………………………140

Q34 遺言によって保険金受取人の変更をすることは可能でしょうか。また、遺言により新たに保険金受取人とされた者は、どのようにして保険金を受け取るのでしょうか。 ……………………………143

▶4 保険金受取人の死亡

Q35 保険金受取人が死亡した場合、誰が保険金を受け取ることになるのでしょうか。 ………………………………………………147

▶5 保険金請求権の譲渡・質権の設定

Q36 生命保険の保険金請求権を譲渡したいのですが、留意すべき点はありますか。 ……………………………………………………152

Q37 生命保険の保険金請求権に質権を設定したいのですが、留意すべき点はありますか。 …………………………………………154

▶6 危険の減少

Q38 危険が減少した場合、保険料の減額が認められるのでしょうか。
………………………………………………………………………156

▶7 片面的強行規定

Q39 保険法における「保険契約の効力」に関する規定の中で、片面的強行規定とされているのはどの規定でしょうか。また、片面的強行規定

違反が問題となる具体例についても教えてください。 ……………158

Ⅳ 保険給付

▶1 保険事故

Q40 保険契約の保険事故に関し、留意すべき点を教えてください。…164

▶2 損害保険における損害発生時の通知義務

Q41 保険事故が発生した場合、保険者に通知しなければならないと聞いていますが、いつまでに保険者に通知したらよいのでしょうか。通知を怠った場合、何か不利益はあるのでしょうか。 …………………174

▶3 損害保険における損害発生後の目的物の損害・滅失

Q42 保険事故による損害発生後、目的物が保険事故とは関係のない事情で滅失しました。この場合でも保険金を受け取ることはできるのでしょうか。 ………………………………………………………………177

▶4 火災保険契約による損害てん補の特則

Q43 火災保険契約において、保険事故による損害以外に保険給付を受け取ることができるのはどのような場合でしょうか。 …………179

▶5 保険者の免責

Q44 保険金の給付が免責されるのはどのような場合でしょうか。…182

▶6 損害保険における損害の算定

Q45 損害保険によっててん補すべき損害額の算定方法について、保険法上どのような規定がありますか。 ……………………………185

Q46 一部保険で、保険事故による損害が生じた場合、保険者に請求でき

る保険金の額の計算方法について教えてください。 …………………188
Q47　重複保険の場合、誰にいくらの請求ができるのでしょうか。各保険
　　　者がてん補すべき損害額について教えてください。また、同時に複数
　　　の保険を締結した場合と、順次締結した場合とで、請求できる相手や
　　　額に違いがありますか。 ……………………………………………191

▶7　保険給付の履行期

Q48　保険給付の履行期は必ず定めなければならないのでしょうか。仮に
　　　保険給付の履行期を定めなかった場合、いつから履行遅滞になるので
　　　しょうか。また、履行期を定めた場合、その履行期を過ぎなければ履
　　　行遅滞とはならないのでしょうか。 …………………………………196

▶8　責任保険契約についての先取特権

Q49　責任保険契約における先取特権とは、どのような権利でしょうか。
　　　 ……………………………………………………………………………201
Q50　自賠責保険の内容と同保険における被害者の直接請求権について教
　　　えてください。 …………………………………………………………205

▶9　費用の負担

Q51　保険者（保険会社）が負担すべき費用とはどのような費用でしょう
　　　か。保険契約者または被保険者が損害の発生または拡大防止のために
　　　要した費用は、保険者（保険会社）に請求できるのでしょうか。 …209

▶10　残存物代位

Q52　残存物代位とはどのような制度でしょうか。また、保険法の制定に
　　　よりどのような見直しがなされたのでしょうか。 …………………211

▶11　請求権代位

Q53　請求権代位とはどのような制度でしょうか。保険法の成立により、

(9)

どのような見直しがなされたのでしょうか。 ……………214

▶12 片面的強行規定

Q54 保険法における「保険給付」に関する規定で、片面的強行規定とされているのはどの規定でしょうか。また、片面的強行規定違反が問題とされる具体例についても教えてください。 ……………217

V 契約の終了

▶1 保険契約の終了原因

Q55 保険契約が終了するのはどのような場合でしょうか。保険契約の終了原因について教えてください。 ……………224

▶2 告知義務違反による解除

Q56 告知事項に該当する事実の不告知や不実告知があれば、保険者は常に解除できるのでしょうか。 ……………227

Q57 告知妨害・不告知教唆とは、どのような場合を指すのでしょうか。 ……………234

▶3 危険増加による解除

Q58 危険増加による解除ができるのはどのような場合でしょうか。自ら危険を増加させた場合と、第三者や不可抗力で危険が増加した場合とで異なるのでしょうか。 ……………239

▶4 重大事由による解除

Q59 保険契約の重大事由に基づく解除について教えてください。 …243

▶5　被保険者による解除請求

Q60　被保険者となることに同意した場合にも、被保険者は保険契約から離脱することはできるのでしょうか。 ……………………………247

▶6　解除の効力

Q61　保険契約が解除されると、これまで支払った保険料はどうなりますか。また、すでに保険事故が発生していた場合はどうなりますか。
　　　……………………………………………………………………252

▶7　契約当事者以外による解除

Q62　私の夫を保険契約者兼被保険者とする死亡保険契約の継続中に、夫について破産手続開始決定がなされました。妻である私はその保険の保険金受取人となっていますが、これまで長期間保険料を支払ってきた保険ですし、また保険契約時より夫の健康状態が悪化しており、今後同様の死亡保険契約に加入することが困難であるため、何とかこの保険契約を継続したいと考えています。何かよい方法はないでしょうか。……………………………………………………………………256

▶8　保険料積立金の払戻し

Q63　保険料積立金の払戻しが受けられるのはどのような場合でしょうか。 ……………………………………………………………259

▶9　保険料返還の制限

Q64　保険契約の無効または取消しによる保険料の返還の制限について教えてください。 ………………………………………………262

▶10　片面的強行規定

Q65　保険法における「保険契約の終了」に関する規定の中で、片面的強

行規定とされているのはどの規定でしょうか。また、片面的強行規定違反とされる具体例についても教えてください。 ……………264

VI その他

▶1 保険金請求権の消滅時効

Q66 保険金請求権の消滅時効について教えてください。また、その起算点はいつになるのでしょうか。 ……………………………274

▶2 保険者の破産

Q67 保険者が破産した場合、保険契約はどのようになるのでしょうか。
………………………………………………………………………277

▶3 保険金の不払・支払洩れ

Q68 近時、問題となっている保険金等の不適切な不払、付随的な保険金の支払漏れとはどのようなものでしょうか。その概念や具体例について、教えてください。 …………………………………279

凡　　　例

・保険法⇒平成20年6月6日公布保険法（法律56号）
・法○○条⇒保険法○○条
・旧商法、商法⇒「保険法の施行に伴う関係法律の整備に関する法律」（法律57号・平成20年6月6日公布）による改正前商法
・中間試案⇒法務省民事局参事官室「保険法の見直しに関する中間試案」（平成19年8月）
・補足説明⇒法務省民事局参事官室「保険法の見直しに関する中間試案の補足説明」（平成19年8月）
・保険法部会⇒法制審議会保険法部会

I

総　論

1　保険法改正の目的および改正の概要

Question 1

保険法制定の経緯および旧商法からの主要な変更点について教えてください。

Answer

1　保険法（平成20年法律第56号）は、保険契約に関する法制を現代の社会経済、保険実務に的確に対応させるために、旧商法の第2編第10章「保険」の規定を全面的に見直した保険契約に関する新たな法典として制定されました。

2　旧商法の規定からの主な変更点としては、以下の点が挙げられます。

① 傷害疾病保険契約の新設、適用範囲の拡大

傷害疾病保険契約に関する契約類型が新設され、また、共済契約についても規律の対象に含められました。

② 保険契約者の保護の強化

契約締結時の告知についてのルールが整備され、保険給付関係では履行期に関する規定が設けられました。また、保険契約者等の保護の必要性が高い規定については、片面的強行法規とされました。

③ モラルリスクの防止

一定の重大な事由がある場合などに保険者（保険会社）による保険契約の解除を可能とする規定が新設されました。

④ 責任保険における被害者の優先権（先取特権）の新設

責任保険契約について、被害者が保険金から優先的に被害の回復を受けることができるようにするための先取特権の規定が新設されました。

⑤ 保険金受取人の変更ルールの整備

生命保険契約および傷害疾病定額保険契約について、原則として保険契約者に保険金受取人の変更権を認め、遺言による保険金受取人の変更も可能であることなどが規定されました。

解説

1　保険法の制定の意義・経緯

　保険法（平成20年法律第56号）は、「保険法の施行に伴う関係法律の整備に関する法律」（平成20年法律第57号）とともに、平成20年5月30日に成立し、同年6月6日に公布されました。施行期日については、附則1条により「公布の日から起算して2年を超えない範囲内において政令で定める日」とされ、これを受けた「保険法の施行期日を定める政令」（平成21年政令第176号）により、平成22年4月1日とされました。

　この保険法が成立する以前、わが国における保険契約に関する私法の基本法としては、商法の第2編第10章「保険」（旧商法629条～683条）の規定がありましたが、かかる規定については、明治44年に一部の改正が行われただけで、以後、実質的な改正はなされず、永らく商法制定時（昭和32年）の規定がほぼそのまま維持されてきました。また、表記についても片仮名、文語体のままでした。

　その間、わが国における保険取引の市場は順調に拡大し、保険取引の内容も大きく変容を遂げました。そのため、商法制定時の規律が現代の理論にも実務にも適合しなくなるなどの問題点が次第に顕在化し、商法の「保険」に関する規定を現代の保険取引実務に即した適切なものとする必要があるとの指摘がなされていました。

　このような背景の中、会社法が平成17年6月に全面的に現代化されたのに続く商法の現代化作業の一環として、保険に関する規定についても現代化への取組みが開始され、その成果として、上記のとおり保険法が成立するに至りました。

　このように保険法は、保険契約に関する法制を現代の社会経済、保険実務に的確に対応させるべく、旧商法の第2編第10章「保険」の規定を全面的に見直して、保険契約に関する新たな法典として制定されたものです。

2　旧商法からの主要な変更点

　表記が現代語化された以外に、保険法における商法の規定からの主な変更点の概要は、以下のとおりです。

(1)　傷害疾病保険契約の新設、適用範囲の拡大

　保険法においては、旧商法に規定されていた損害保険契約および生命保険契約という契約類型のほか、旧商法には規定のない傷害疾病保険契約（傷害疾病損害保険契約（法2条7号）および傷害疾病定額保険契約（法2条9号））に関する契約類型が新設されました。

　また、旧商法の「保険」の規定が商行為としての保険契約を規律の対象としていたため、農協、生協等の各種協同組合による共済契約はその適用の範囲外とされ、これまで共済契約に関する一般的な契約ルールは存在していませんでした（もっとも、保険法制定以前においても共済契約にも保険契約に関する旧商法の規定が類推適用されるとの考え方が一般的ではあった）。しかし、現代社会において共済契約が保険契約と同様に社会的に重要な機能・役割を果たしており、保障機能という点では保険契約と共通していることから、同一の契約ルールを適用することが適切です。そこで、保険法においては、共済契約についても保険契約と同等の内容を有する限り、その規律の対象に含められることになりました（法1条・2条1号）。

(2)　保険契約者の保護の強化

　保険法では、告知義務をはじめ多くの規定において保険契約者の保護の強化が図られました。重要な変更点は、次のとおりです。

　①　告知義務を保険者（保険会社）からの質問に応答する義務（質問応答義務）に変更し（法4条・37条・66条。旧商法では、保険契約者等の告知義務の対象を「重要ナル事実」とし、保険契約者等が何が重要な事実であるかを自ら判断して告知しなければならないものとされていた（自発的申告義務。旧商法644条・678条））、また、保険募集人による告知妨害等があった場合のルールを新設する（法28条2項2号・3号、55条2項2号・3号、84条2項2号・3号）など契約締結時の告知についてのルールが整備されました。

② 民法の履行期に関する規定（民法412条）の特則として、保険金の支払時期について、適正な保険金の支払に必要な調査のための合理的な期間が経過した時から保険者（保険会社）が履行遅滞の責任を負担することが定められました（法21条・52条・81条）。

③ 保険契約者等の保護の必要性の高い規定については、片面的強行規定とされ、保険契約者等に不利な内容の約款の定めは効力を生じないものとされました（法7条・12条・26条・33条・41条・49条・53条・65条・70条・78条・82条・94条参照）。

(3) モラルリスクの防止

一定の重大な事由がある場合、たとえば、保険契約者が、被保険者を殺害しようとしたり、保険金請求について詐欺を行ったりした場合などに保険者（保険会社）による保険契約の解除を可能とする規定が新設されました（法30条・57条・86条）。また、当該重大事由により解除がなされた場合には、当該重大事由が生じた後に発生した保険事故について、保険者（保険会社）は保険給付責任を負わないものとされました（法31条2項3号・59条2項3号・88条2項3号）。

(4) 責任保険における被害者の先取特権の新設

責任保険契約について、被保険者が倒産した場合でも、被害者が保険金から優先的に被害の回復を受けることができるようにするための先取特権の規定が新設されました（法22条1項）。これにより、被害者は、他の債権者に優先して責任保険契約に基づく保険給付から弁済を受けることができるようになりました。

(5) 保険金受取人の変更ルールの整備

生命保険契約および傷害疾病定額保険契約について、①原則として保険契約者に保険金受取人の変更権を認め、変更の意思表示の相手方は保険者であり、当該意思表示については発信主義が採用されること（法43条・72条）や、②遺言による保険金受取人の変更も可能であること（法44条・73条）などが規定されました。

〔國吉雅男〕

2　保険商品

Question 2

保険法上、保険には、どのような類型がありますか。また、世の中には、火災保険、自動車保険、定期保険、傷害保険、医療保険などさまざまな名称の保険がありますが、主な保険商品の特徴を教えてください。

Answer

旧商法上は、損害保険・生命保険の2種類の契約類型が規定されており、①損害保険とは、当事者の一方が偶然な一定の事故により生じることのあるべき損害をてん補することを約し、これに対し相手方が報酬を支払う契約（同法629条）をいい、②生命保険とは、当事者の一方が相手方または第三者の生死に対して一定の金銭を支払うことを約し、これに対して相手方が報酬を支払う契約（旧商法673条）をいうと定義されていました。

保険法においても、保険の類型として損害保険・生命保険がありますが、さらに傷害疾病定額保険が独立の契約類型として規定されました。

また、わが国では、損害保険会社、生命保険会社がそれぞれの分野で特有の商品体系を形成し、実務上さまざまな商品が生み出されてきました。

解　説

1　保険法上の保険の類型

商法上、保険は、損害保険、生命保険の2種類に分類されていました。

損害保険は、当事者の一方が偶然な一定の事故により生じることのあるべき損害をてん補することを約し、これに対し相手方が報酬を支払う契約（旧商法629条）として定義されていました。また、生命保険は、当事者の一方が相手方または第三者の生死に対して一定の金銭を支払うことを約し、これに対して相手方が報酬を支払う契約（同法673条）として定義されていました。

保険法においても、保険の類型として、損害保険（法3条以下）と生命

保険（法37条以下）があります。また、これに加え、さらに傷害疾病定額保険（当事者の一方が人の傷害疾病が生じたことを条件として保険給付を行うことを約し、相手方がこれに対して、当該事由の発生の可能性に応じたものとして保険料を支払うことを約する契約）が独立の契約類型として、章立てされています（法66条以下）。

これまでわが国では、損害保険会社、生命保険会社が、それぞれの分野で特有の商品体系を形成し、実務上さまざまな保険商品が生み出されてきました。以下、概説します。

2　主な損害保険商品

損害保険商品は、多様なリスクに応じ、さまざまなものがあります。主な損害保険商品としては、以下のものが挙げられます（山下友信『保険法』47頁以下参照）。

火災保険	火災によって生じる損害を対象とする保険です。目的物の類型に応じて、住宅用、一般物件用、工場用、倉庫用に分けられ、それぞれに普通保険約款が存在します。
火災保険以外の物保険	機械類による事故による損害を対象とする保険（機械保険等）、建設工事等の施工中の事故による損害を対象とする保険（建設工事保険等）、動産総合保険、盗難保険があります。
自動車保険	自動車に関する損害を対象とする保険です。自動車損害賠償保障法に基づく強制加入保険である自賠責保険と任意加入の自動車保険に大別されます。
海上保険	海上でのリスクを対象とする保険です。船舶の所有者や運航者のリスクをカバーする船舶保険と、海上運送される貨物の所有者等のリスクをカバーする貨物保険に大別されます。
責任保険	一定の責任を負ったことにより被る損害賠償責任をてん補する保険です。医師や弁護士等の専門職業人や会社役員のための責任保険があります。
労働者災害保険（任意）	労災が生じた場合で、企業には公保険では、てん補できない補償責任が生じることがあります。このような企業のリスクを対象とする保険です。

費用・利益保険	保険事故により生じた費用損害や利益の喪失による損害をてん補する保険です。
航空保険	航空機に関するリスクを対象とする保険です。
傷害・疾病保険	人の傷害や疾病のリスクを対象とする保険です。
信用保険・保証保険	債務者の弁済ができない場合の債権者のリスクを対象とする保険です。債権者が保険契約者兼被保険者となる保険（信用保険）、債務者が保険契約者、債権者が被保険者となる保険（保証保険）があります。
積立保険	各種の損害保険に貯蓄的な機能をもたせる保険です。たとえば、火災保険において、通常の保険料に積立保険料が加算されることにより、これを原資として満期に返戻金が支払われ、予定利率を超える資産運用益に応じて保険契約者配当金も支払われます。
訴訟費用保険	訴訟等の当事者となった場合の訴訟費用、弁護士費用、鑑定費用等を対象とした保険です。

3　主な生命保険商品

　生命保険商品は、大別して個人保険と団体保険に分けられます。団体保険については、Ｑ３で解説していますので、ここでは代表的な個人保険の保険商品について、紹介します（㈶生命保険文化センター「生命保険の契約にあたっての手引」参照）。

定期保険	保険期間は一定で、その間に死亡した場合にのみ死亡保険金を受け取れる保険です。保険金額が保険期間中一定で変わらない定額のものもあれば、契約後一定期間ごとに保険金額が減っていく逓減定期保険や、逆に保険金額がふえていく逓増定期保険もあります。定期保険は、被保険者の死亡時に支払われる保険金額が高額となりますので、遺族の生活保障を主な目的として締結されます。定期保険は、満期保険金が存在しないため（掛け捨て）、貯蓄には適さないといえますが、その分保険料は低額です。
	被保険者が死亡した場合に死亡保険金が支払われる保険です。定期保険と異なり、保険期間は一定ではなく、被保険者の一生涯に

終身保険	わたって死亡保障が継続します。解約しない限り契約が一生涯継続する終身保険は、長期の保険期間になるため、保険料は当然割高となります。他方、終身保険は掛け捨てではないため中途解約の場合には解約返戻金が発生します。そのため、解約返戻金を年金代わりにして老後の生活資金としたり、保険期間中に緊急事態が生じた場合に充てるなどの対応が可能です。その意味で一定の貯蓄性があるといえます。
養老保険	保険期間は一定で、その間に死亡したときに死亡保険金を、満期に生存していたときには満期保険金を受け取ることができる保険です。死亡保険金と満期保険金は同額です。いずれにしても保険金はもらえるため、遺族の生活保障と貯蓄の目的で利用されています。
特定疾病保障保険	特定疾病であるガン、急性心筋梗塞、脳卒中により所定の状態になったとき、生前に死亡保険金と同額の特定疾病保険金を受け取ることができる保険です。特定疾病保険金を受け取った時点で、契約は消滅します。特定疾病保険金を受け取ることなく死亡したときは、死亡保険金を受け取ることができます。
医療保険	病気や傷害で入院したり、所定の手術を受けたときに、給付金を受け取ることができる保険です。
ガン保険	ガンにより入院したり、所定の手術を受けたときに、給付金を受け取ることができる保険です。
介護保険	寝たきりや認知症によって介護が必要な状態になり、その状態が一定の期間継続したときに、一時金や年金を受け取ることができる保険です。
個人年金保険	契約時に定めた年齢から年金を受け取ることができる保険です。生死に関係なく契約時に定めた一定期間年金を受け取ることができる確定年金や、保障期間中は生死に関係なく年金を受け取ることができ、その後は被保険者が生存している限り終身にわたり年金を受け取ることができる保障期間付終身年金などの保険商品があります。
変額個人年金保険・変	株式や債券に資産運用し、その運用実績によって保険金(変額個人年金保険の場合は年金)や解約返戻金が増減する保険です。投資リスクは保険契約者が負うことになっていますので、変額個人

| 額保険 | 年金保険・変額保険の契約にあたっては、資産の運用方法や商品の仕組みについて、生命保険会社は書面を用いて説明することになっています。 |

〔古川純平〕

Question 3

団体定期保険とはどのような保険商品でしょうか。

Answer

団体保険とは、ある特定の会社、工場、商店、官公署その他の団体に所属する者の全部または一部を包括的に被保険者とする保険です（西島梅治『保険法』317頁）。

団体保険は、団体生命保険と団体年金保険に分類することができますが、団体定期保険も団体生命保険の一種であり、本来は、従業員の死亡や高度障害の事態に備えた福利厚生ないし遺族の生活保障の措置として、障害給付金、退職金および弔慰金等の支払を目的とするものです。

解説

1 定義

団体定期保険とは、団体に所属する者を包括的に被保険者とし、団体（企業）または被保険者の団体の代表者を保険契約者として締結される保険期間の定めのある生命保険をいいます。団体所属者が全員被保険者となる全員加入タイプ（実務上Ａグループ保険と呼ばれている）と、団体所属者のうち自ら希望する者のみが被保険者となる任意加入タイプ（実務上Ｂグループ保険と呼ばれている）があります（山下友信『保険法』275頁）。

2 被保険者の同意

団体定期保険も他人の生命の保険であるため、被保険者の同意が必要とされていました（旧商法674条1項、法38条等）が、一人一人から同意をとることは実際には困難でした。もっとも、団体定期保険は、被保険者が死亡した場合に、保険契約者が保険金を受け取り、これを遺族への死亡退職金の支払等の従業員福利制度の原資とするような運用もなされており、被保険者側からしても、一定の合理性があったこと、保険契約者である企業

等からしても、従業員が死亡したことによる人的損失のてん補、保険料が全額損金処理できる等といったこともあり、被保険者の同意の要件を緩やかに解するような運用がなされるようになりました。

具体的には、団体（企業）または被保険者の団体の代表者、労働組合の代表者の同意をもって代える、就業規則の保険加入する旨の定めをもって同意に代える等といった運用がなされていました。

3　問題点

ところが、上記のような運用がなされていたため、被保険者が団体定期保険に加入したことさえ知らないのではないかという問題が指摘され、また被保険者の死亡により保険契約者が高額の保険金の支払を受け、それと遺族に支払われる死亡退職金に相当な差が生じる、あるいは、保険契約者が受け取った保険金が、遺族にまったく還元されないといった事例が社会問題化し、保険契約者と遺族との間で保険金の帰属をめぐって争いが頻発しました。

4　判例の状況

保険金の帰属先については、一律に保険契約者、遺族と振り分けられるものではなく、事例判断となります（ただし、判例の状況は事案の相違では説明がつかないとする見解もある）。下級審判例では、事業者が受領した保険金を被保険者の遺族に死亡保険金等として支払う旨の黙示合意があったとして遺族に保険金の一部を帰属させるものもありますが（名古屋高判平成11・5・31金融・商事判例1069号35頁、名古屋高判平成14・4・24労働判例829号38頁等）、一方、黙示の合意を否定するものもあります（東京地判平成10・3・24金融・商事判例1047号34頁、名古屋高判平成14・4・26金融・商事判例1143号31頁等）。

なお、最高裁判決（最判平成18・4・11民集60巻4号1387号（上記名古屋高判平成14・4・24の上告審））では、事業者は、「団体定期保険の主たる目的が受領保険金を従業員に対する福利厚生制度に基づく給付に充てるこ

とにあることは認識していたものの、死亡従業員の遺族に支払うべき死亡時給付金が社内規定に基づく給付額の範囲内にとどまることは当然と考え、そのような取扱いに終始していた」との事例のもとでは、「社内規定に基づく給付額を超えて受領した保険金の全部又は一部を遺族に支払うことを黙示的にも合意したと認める余地はない」と判示し、黙示の合意が否定されています。

5 改善

以上のような問題点を踏まえ、生命保険業界では、平成8年秋に総合福祉団体定期保険という保険を発売し、それまでの団体定期保険から仕組みを変更しました。

すなわち、全員加入の団体定期保険を、死亡退職金規程等に基づく被保険者の遺族に対する支払の財源に充てるための主契約部分（総合福祉団体定期保険。遺族を保険金受取人とする）と、代替従業員の確保等の従業員死亡にともなって発生する費用を補てんするための特約部分（ヒューマン・バリュー特約。保険契約者を保険金受取人とする）とに分け、後者の特約部分については、保険金の額を主契約の保険金額以下で、かつ2,000万円以下とすること、保険契約者による特約の保険金の請求については被保険者の遺族の了解を受けてすることなどの措置を盛り込むことにより、会社が従業員の死亡により、不当に過大な保険金を取得することができないような措置が盛り込まれました。

被保険者同意に関しては、被保険者からの個別同意書面の取得、または遺族補償規定等の書類および被保険者同意名簿の取得が求められています（監督指針Ⅳ－1－16(4)）。

そして、その取得に際しては、保険会社から契約内容を記載した書面交付を行う等、被保険者が保険金受取人や保険金の額等の契約内容を確実に認識できるような措置を講ずる必要があります（監督指針Ⅱ－3－3－4(1)②）。加えて、保険金支払にあたっては、契約内容を記した書面による遺族等の了知が要求されるところです（監督指針Ⅱ－3－3－4(4)）。〔古川純平〕

Question 4

消費者信用団体生命保険とはどのような保険商品でしょうか。

Answer

消費者信用団体生命保険とは、消費者金融業者等の消費者信用を対象として、当該業者を契約者とし、当該業者と契約する消費者を被保険者とし、契約者が保険金受取人となる生命保険契約をいいます。

かかる保険では、債務者の死亡等を原因として金融業者等に保険金が支払われることで、相続人に債務が承継されることを防ぐことができ、また、消費者金融業者等としても債権回収を図ることができるという利点もありました。

しかし、債務者が認識すらしていないにもかかわらず、消費者金融業者の都合で債務者を被保険者とする保険契約が締結されたことになっているなど、比較的少額で短期の貸付債権の回収のために保険が不当に利用される等の問題が指摘されるようになったため、金融庁が対策に乗り出し、その結果、消費者信用団体生命保険に関する業界のガイドラインが策定される等して、問題解決に一定の成果をあげています。

解 説

1 消費者信用団体生命保険の問題点

消費者信用団体生命保険とは、消費者金融業者等の消費者信用を対象として、当該業者を契約者とし、当該業者と契約する消費者を被保険者とし、契約者が保険金受取人となる生命保険契約をいいます。

このように、消費者信用団体生命保険はいわゆる他人の生命保険契約であるため、債務者の同意が必要となります（旧商法674条1項本文（法38条））。

しかしながら、従前、消費者信用団体生命保険を取り扱う消費者金融業者から借入れを行う者は、ほとんどの場合において、消費者信用団体生命

保険の被保険者となっているにもかかわらず、多くの消費者金融業者では借入申込書と保険加入の同意書が同一の書面となっていました。この結果、債務者は、自身を被保険者とする保険契約の存在自体知らないような状態が生じ、また、悪質な消費者金融業者等によって、保険金による回収を目的に過酷な取立が行われた形跡もあるケースも発生するようになり、社会問題化しました。

2 金融庁の対応

　上記のような消費者信用団体生命保険の問題点を受け、金融庁は、以下のとおり、①貸金業に係る「事務ガイドライン」の一部改正を行い、②保険業界のガイドラインを策定している社団法人生命保険協会に対し、消費者信用団体生命保険に係る業界ガイドラインを策定し、その周知徹底を図ることを要請しました。

(1) 貸金業に係る「事務ガイドライン」の一部改正

　貸金業法21条1項の「威迫」に該当するおそれが大きい行為の例示として、事務ガイドライン3－2－6(1)に掲げる行為について、保険金による債務の弁済を強要または示唆するような言動を行うことを加えました。

　なお、平成19年12月19日に施行された改正貸金業法には、借主の自殺を保険事故とする生命保険の禁止が明示され（貸金業法12条の7）、貸金業者が死亡保険金を受けることを定める保険契約を締結する場合の同意を得る際には保険契約内容の書面交付が義務づけられました（同法16条の3）。

(2) 各保険会社および社団法人生命保険協会への要請

　平成18年2月、監督指針の一部改正により、顧客が保険商品の内容を理解するために必要な情報（以下「契約概要」という）と保険会社が顧客に対して注意喚起すべき情報（以下「注意喚起情報」という）に分類・整理し、顧客に提供すること、「契約概要」「注意喚起情報」に記載すべき事項の枠組み、およびそれらを記載した書面の記載方法、説明方法等について明確化され、同年10月からかかる監督指針に沿った説明が完全に実施することとされていました。

具体的には、保険会社等に対し、「契約概要」と「注意喚起情報」を整理のうえ、顧客に対しわかりやすく説明することを求め、このような取組みを消費者信用団体生命保険を含む団体保険についても徹底するよう文書により各保険会社に要請しました。

　さらに、社団法人生命保険協会に対し、消費者信用団体生命保険への加入時の同意のとり方、保険金支払時の遺族等への確認の取り方等を内容とする、消費者信用団体生命保険に関する業務ガイドラインを作成することを要請しました。

3　業界の対応

　上記のような金融庁からの要請を受けて、社団法人生命保険協会は、平成18年9月29日付で、「消費者信用団体生命保険の実務運営に関するガイドライン」を制定しました（平成19年11月26日一部改正）。

　同時期に「消費者信用団体生命保険の実務運営に関するガイドラインの概要」も発表していますので、以下抜粋します。

1．ガイドライン策定の目的
　貸金業制度等に関する議論を踏まえ、消費者金融等の融資において利用されている消費者信用団体生命保険について、適正な実務運営を確保するための参考に供するために本ガイドラインを策定する。

2．保険加入についての被保険者の同意取得のあり方
　保険会社は以下の点に留意し、契約者である団体において適切な同意取得が行われるよう必要な措置を講じる必要がある。
　(1)　契約概要・注意喚起情報による重要事項説明の徹底
　保険加入について被保険者の同意取得は、契約概要・注意喚起情報に基づき重要事項を確認いただいたうえで行う必要がある。
　(2)　契約概要・注意喚起情報の記載内容
　契約概要・注意喚起情報の作成にあたっては、保険金額が債務残高に応じて変動すること等、この商品の特性等に応じた記載を行う必要

がある。

　なお、借入額等の規制動向を踏まえ、適正な保険金額の設定等について必要な措置を講じる必要がある。

　(3) 保険加入申込書における同意取得の際の留意点
・原則として、保険加入申込書とローンカード等の申込書をそれぞれ別書面とする必要がある。
・保険加入の同意を取得する場合には、加入対象者が保険加入への同意を明確に意思表示できるような措置を講じる必要がある。
・保険に加入するか否かについて、加入対象者の選択の任意性を十分に確保するために、例えば、保険への加入をローンカード等の申込みの条件としないことを保険加入申込書に記載する等の措置を講じる必要がある。

(4) 無人契約機等における同意取得の際の留意点
・インターネットなど書面により同意取得が行われない場合においても、加入対象者が保険加入への同意を明確に意思表示できるよう、「(3) 保険加入申込書における同意取得の際の留意点」の記載内容と同程度の措置を講じる必要がある。
・特に、無人契約機等による加入手続きが行われる場合には、加入時に契約内容の確認が適切に行える仕組みの構築が必要である。

3．保険金支払実務のあり方

　(1) 保険金支払請求時の遺族の了知

　被保険者が死亡された場合、保険金受取人である団体からの保険金請求に際しては、遺族の連絡先が不明である等のやむを得ない場合を除き、当該団体から遺族に対し保険金額等の請求内容が通知され、遺族に保険金額等の請求内容が了知されていることを保険会社が確認する必要がある。

　(2) 保険金の支払い

　保険金の支払いについては、商品の特性等に応じた適切な保険金の支払いを行うよう措置を講じる必要がある。

4　現　状

　以上のように、消費者信用団体生命保険そのものへの批判に加え、事務の煩雑化などの理由から消費者信用団体生命保険への加入手続を中止する貸金業者がふえ、現在大手貸金業者のほとんどが消費者信用団体生命保険の新規の取組みを行っていません。

〔古川純平〕

3 保険業

Question 5

生命保険会社や損害保険会社として保険業を行うために免許が必要とされるのはどうしてでしょうか。また、これらの会社以外にも保険業を営むことを許されている者は存在するのでしょうか。

Answer

保険業を行うために免許が必要なのは、保険業の公共性からです。保険業の公共性より、保険業を営む保険会社においては、「適切な業務運営」を確保しなければならない点が重要です。少額短期保険業者は、保険業法所定の登録を行えば、保険業のうち一定のものを営むことができます。

―― 解 説 ――

1 保険業に係る免許制

⑴ 保険業に免許制が採用されている理由

保険業法3条1項は、「保険業は、内閣総理大臣の免許を受けた者でなければ、行うことができない」と規定し、保険業について免許制が採用されています。これに違反した場合は、3年以下の懲役もしくは300万円以下の罰金、またはこれらの併科といった刑事罰が用意されています(保険業法315条1号、法人の両罰規定については、同法321条)。

保険業に免許制が採用されている理由は、保険業の公共性に求められます。

保険業の公共性とは、保険は人の社会・経済生活上のさまざまなリスクを保障(補償)し、国民の社会・経済生活上きわめて重要な役割を果たす金融商品であり、また、保険会社(保険業を行う者)が金融仲介機関としての役割も果たすことに鑑みれば、保険業を行う者の業務の適切性、財務の健全性を確保する必要性が高い、ということを意味します。

保険研究会編『保険業法』2頁において、「①保険は、社会に発生する

様々な危険に備え、万が一事故が発生した場合には国民の経済生活を保障するという重要な役割を果たしていること、②保険は、公的保障の補完や被害者の救済という役割を果たしていること、③保険会社は、保険商品の販売により保険料として資金を受け入れ、資産の運用の一環としてこれを資金需要者に供給するという金融仲介機関としての役割を果たしていること、により、国民生活の安定及び国民経済の発展に貢献していることをいう」ものとされています。

(2) 生命保険業免許と損害保険業免許

免許の種類は、生命保険業免許と損害保険業免許の2種類です（保険業法3条2項）。

生命保険業免許を受けた保険会社を生命保険会社、損害保険業免許を受けた保険会社を損害保険会社といいます（同法2条3項・4項）。

そして、この2種類の免許を同一の者が受けることはできません（生損保兼営禁止、同法3条3項）。

その理由は、生命保険業と損害保険業におけるリスクには相違があり、両者のリスクを遮断する必要があることに求められています。

すなわち、概して保険期間が長期であり、引き受けるリスクが安定的な生命保険業に係るリスクと、概して保険期間が短期であり、引き受けるリスクが不安的かつ巨大な損害保険業におけるリスクを遮断する必要があるということです。

この点、傷害・疾病・介護分野の保険商品（傷害保険・医療保険等、いわゆる「第三分野」の保険商品）については、生命保険会社、損害保険会社いずれの保険会社でも取り扱うことができるものとされています（同条4項・5項）。

(3) 免許申請手続

免許申請書には、①商号または名称、②資本金の額または基金の総額、③取締役および監査役（委員会設置会社にあっては、取締役および執行役）の氏名、④受けようとする免許の種類、⑤本店または主たる事務所の所在地、を記載しなければならないものとされています。

また、添付書類として、①定款、②事業方法書、③普通保険約款、④保険料および責任準備金の算出方法書、⑤その他内閣府令で定める書類（保険業法施行規則6条）を添付する必要があります。

このうち、①定款、②事業方法書、③普通保険約款、④保険料および責任準備金の算出方法書は、基礎書類とよばれ、そのうち「特に重要なもの」に違反した場合には、監督当局による業務の全部・一部停止命令、役員の解任命令、免許取消しの行政処分が可能とされています（保険業法133条）。

免許審査基準は、保険業法5条に規定されており、以下の項目が挙げられています。

① 申請者が保険会社の業務を健全かつ効率的に遂行するに足りる財産的基礎を有し、かつ、申請者の当該業務に係る収支の見込みが良好であること。
② 申請者が、その人的構成等に照らして、保険会社の業務を的確、公正かつ効率的に遂行することができる知識および経験を有し、かつ、十分な社会的信用を有する者であること。
③ 事業方法書および普通保険約款に記載された事項が次に掲げる基準に適合するものであること。
　イ　保険契約の内容が、保険契約者等の保護に欠けるおそれのないものであること。
　ロ　保険契約の内容に関し、特定の者に対して不当な差別的取扱いをするものでないこと。
　ハ　保険契約の内容が、公の秩序または善良の風俗を害する行為を助長し、または誘発するおそれのないものであること。
　ニ　保険契約者等の権利義務その他保険契約の内容が、保険契約者等にとって明確かつ平易に定められたものであること。
　ホ　その他内閣府令で定める基準（保険業法施行規則11条）
④ 保険料および責任準備金の算出方法書に記載された事項が次に掲げる基準に適合するものであること。

イ　保険料および責任準備金の算出方法が、保険数理に基づき、合理的かつ妥当なものであること。
　　ロ　保険料に関し、特定の者に対して不当な差別的取扱いをするものでないこと。
　　ハ　その他内閣府令で定める基準（同規則12条）

(4) 保険会社のコンプライアンスを考えるにあたって留意すべき点

① 基礎書類の遵守

　これまで、保険業に係る免許制について概観してきました。

　保険会社のコンプライアンスについて検討するにあたり、他の一般事業会社と比較して、このような免許制故に、特別に考慮しなければならない事情があります。

　その1つは、基礎書類の遵守です。上述したとおり、基礎書類は、免許申請書の添付書類とされており、それに違反した場合には、業務停止命令等の重大なペナルティが用意されています。保険会社の業務運営にあたり、基礎書類を遵守することは、法令を遵守することと同程度といってよいほど、重要なものといえます。基礎書類がそのような重要な位置づけとされていることは、保険会社のコンプライアンスを検討していくにあたり、看過してはならない重要な点といえます。

② 免許審査基準の遵守

　もう1つは、免許審査基準の遵守です。免許審査基準は、免許申請を行った際に当局がその審査を行う基準ですが、当然免許取得後の業務運営においても、その基準を充足することが求められるものです。保険会社のコンプライアンスを検討するにあたり、これらの免許審査基準を参考とすべき場合が多々あります。

③ 適切な業務運営

　最後に説明するのは、これが最重要な点なのですが、保険業は免許制を採用されるような公共性の高い事業であるが故に、保険会社には、「適切な業務運営」を確保することが求められている、ということです。コンプライアンスは、一般に「法令等遵守」と訳されます。法令を遵守しなけれ

ばならないのは、保険会社も一般事業会社も同様です。保険会社は、それに加えて、「適切な業務運営」を確保することが求められているのです。これが一般事業会社との大きな相違点であるといえます。

仮に不適切な業務運営が認められた場合には、それが違法なものでなくとも、業務改善命令や期限付の業務停止命令等の行政処分が監督官庁からなされることがあります（保険業法132条）。保険会社においては、「法令等遵守」の「等」の部分の遵守、すなわち「適切な業務運営」の確保が、きわめて重要となるのです。

保険会社においては、「適切な業務運営」を確保すべく、保険業法等法令の趣旨、金融庁から出されている監督指針に示された監督上の留意点、業界団体から出されている自主ガイドライン等を参照しつつ、社会常識に照らして経営判断を行う必要があります。

2　少額短期保険業者の特例について

(1)　少額短期保険業

「少額短期保険業」とは、「保険業のうち、保険期間が2年以内の政令で定める期間以内であって、保険金額が1,000万円を超えない範囲内において政令で定める金額以下の保険（政令で定めるものを除く）のみの引受けを行う事業をいう」ものとされています（保険業法施行令1条の5・1条の6）。

(2)　期　間

期間については、損害保険については、2年以内、生命保険等の損害保険以外の保険については、1年以内とされています（同施行令1条の5）。

(3)　保険金額

保険金額については、大まかにいえば、①人の死亡に関し、一定額の保険金を支払うことを約する保険は、300万円、②傷害・疾病等第三分野の保険は、80万円、③傷害死亡保険については、300万円、④損害保険については、1,000万円とされています（正確には同施行令1条の6参照）。

(4) 特　例

　少額短期保険業から除かれる保険は、下記のとおりです（同施行令1条の7）。
① 　人の生存に関し、一定額の保険金を支払うことを約する保険
② 　保険期間の満了後満期返戻金を支払うことを約する保険
③ 　特別勘定の設置が義務づけられる保険
④ 　再保険
⑤ 　保険料または保険金、返戻金その他の給付金の額が外国通貨で表示された保険
⑥ 　保険金の全部または一部を定期的に、または分割払の方法により支払う保険であって、その支払の期間が1年を超えるもの

　このような少額短期保険業者については、保険業を行うにもかかわらず免許制が採用されず、登録制が採用されており（保険業法272条1項）、保険会社に比し一定程度緩和された枠組みの中で、規制・監督が行われております。

〔錦野裕宗〕

Question 6

保険業とはどのようなものでしょうか。たとえば、家電メーカーが行うような品質保証は、保険業に該当し、免許が必要となるのでしょうか。

Answer

保険業とは、一定の偶然の事故によって生ずることのある損害をてん補することを約し保険料を収受する保険等の引受けを行う事業をいうものとされ、それを行うには保険業法上の免許が必要とされるものです。これに該当するかどうかは、①保険料の収受、②偶然の事故、③給付内容等、の各要素に照らし、総合的に判断せざるをえないものと考えられます。

家電メーカーが行うような品質保証は、その製造・販売に付随するものと認められる限り、保険業には該当しないものと考えられ、保険業法上の免許なくして行うことが可能なものと考えます。

――― 解 説 ―――

1 保険業とは何か

(1) 保険業に係る免許制

① 免許制の採用

保険業法においては、保険業は、内閣総理大臣の免許を受けた者でなければ行うことができないものとされ、保険業について免許制が採用されています（保険業法3条1項）。そして、これに違反した場合は、3年以下の懲役もしくは300万円以下の罰金、またはこれらの併科といった刑事罰が用意されています（同法315条1号、法人の両罰規定については同法321条）。

② 保険業の定義

では、免許を取得しなければ行うことができない「保険業」とはどのようなものを指すのでしょうか。

保険業法2条1項は、「この法律において『保険業』とは、人の生死に関し一定額の保険金を支払うことを約し保険料を収受する保険、一定の偶

然の事故によって生ずることのある損害をてん補することを約し保険料を収受する保険その他の保険で、第3条第4項各号又は第5項各号に掲げるものの引受けを行う事業（次に掲げるものを除く）をいう」と規定しており、これが「保険業」の定義ということとなりますが、個別具体事例に対する当てはめは必ずしも容易ではありません。

当該定義からみると、「保険業」に該当するかどうかを検討するにあたっては、①保険料の収受、②偶然の事故、③給付内容等、の各要素に照らし、総合的に判断せざるをえないものと考えられます。

以下これらの各要素について、検討を行います。

(2) 保険料の収受

これに関しては、少額短期保険業者向けの監督指針Ⅲ－1－1(1)②に、「『保険料の収受』には保険料と明示されていなくとも、物品等の通常販売価格及び市場価格との比較並びに保険給付のために必要な保険料の額が物品等の価格に占める割合などから、保険料相当分を当該事業者が社会通念上明らかに受領している場合が含まれる」とされています。

この監督上の留意点は、外形上は、保険料、つまり保障（補償）の対価を収受していない場合でも、実質的には、保険料に相当するものが、たとえば、保険と同時に提供される物品等の価格に上乗せされており、保険料が収受されているのと同視しうる場合には、保険料を収受しているものとして考えることを示しています。その趣旨は、保障（補償）の対価に係る表示方法を変更すること等により、実質的には保険業を行っている者が、安易に保険業法の規制を免れること（保険業法の規制の僭脱を許容すること）は、望ましくないと考えられるからです。このように当該要素は、実質的に判断されることに留意が必要です。

よって、物品等の通常販売価格および市場価格との比較から、保険料相当分が上乗せされていることが明らかな場合には当該要素を充足することとなりますし、保険給付から考えると相当と考えられる保険料の額が、物品等の価格に占める割合が少なくないことや、保障（補償）の有無によって物品等の価格に差異があることは、当該要素を認定するに積極的に作用

するものと考えられます。

(3) 偶然の事故

これに関しては、少額短期保険業者向けの監督指針Ⅲ－1－1(1)①に、「『偶然の事故』にいう『偶然』とは、必ずしも人為的にコントロール不能な偶発性を指すものに限定されるものではなく、損害を生じる原因となる事実の発生の有無、発生時期、発生態様のいずれかが、客観的又は主観的に不確定であることをいう」ものとされています。

ここで重要なのは、客観的に不確定なものが「偶然」といえることは当然のことですが、仮に客観的には確定的なものでも、契約当事者が当該事象を確定的なものではないと認識し、その前提のもと当該事象の発生の場合における給付の合意をしたのであれば、「偶然」のものとして取り扱われることです。1つの事象が客観的（自然科学的）に偶然か否かの判断は、必ずしも容易なものではありませんが、保険契約は当事者間で合意される契約であることに鑑みると、契約当事者が「偶然」であることを前提として締結するような契約については、保険業法の規制を及ぼし、契約者を保護する必要があるものと考えられるためです。

よって、当該事象の発生について、当事者が一定のコントロールを行うことが可能なものについても、そのコントロールが完全ではない場合や、完全でないことを前提として、当事者間で合意が成立している場合には、「偶然」ということとなります。

(4) 給付内容等

① 給付内容（金額）による目安

まず、少額短期保険業者向けの監督指針Ⅲ－1－1(1)（注1）において、「一定の人的・社会的関係に基づき、慶弔見舞金等の給付を行うことが社会慣行として広く一般に認められているもので、社会通念上その給付金額が妥当なものは保険業には含まれない。上記の「社会通念上その給付金額が妥当なもの」とは、10万円以下とする」との明確化が図られています。

よって、給付内容が10万円以下のものを提供しているといった事情は、保険業該当性を否定する方向に働きます。

② 役務提供形態

　少額短期保険業者向けの監督指針Ⅲ－1－1(1)（注2）において、「予め事故発生に関わらず金銭を徴収して事故発生時に役務的なサービスを提供する形態については、当該サービスを提供する約定の内容、当該サービスの提供主体・方法、従来から当該サービスが保険取引と異なるものとして認知されているか否か、保険業法の規制の趣旨等を総合的に勘案して保険業に該当するかどうかを判断する。なお、物の製造販売に付随して、その顧客に当該商品の故障時に修理等のサービスを行う場合は、保険業に該当しない」との、監督上の留意点が示されています。

　この留意点の存在から読み取れることは、監督当局は、給付内容として、金銭、物品を提供する場合に比較し、役務を提供する場合については、保険業該当性を相対的に緩やかに解釈していると推測されることです。

　このような形態のものについては、
① 当該サービスを提供する約定の内容（金銭給付、物品給付、役務提供のいずれか等）
② 当該サービスの提供主体（たとえば、物の製造・販売者が、それに付随して約束しているものであるか等）
③ 方法（当該サービスを自らが行うか、他者に行わせるか等）
④ 従来から当該サービスが保険取引と異なるものとして認知されているか否か（サービスではないが、たとえば、信用保証は、社会通念上保険とは明確に異なった取引形態とされる）
⑤ 保険業法の規制の趣旨（契約者保護や財務規制の必要性等）等

を総合的に勘案して保険業に該当するかどうかを判断するものとされています。

2 あてはめ

(1) 典型的なケースについての検討

以上の整理を前提に、典型的なケースについて、検討を行うと以下のとおりとなります。

① 家電商品等の製造・販売に付随する品質保証

家電商品等の製造・販売業者が、家電商品等の購入者に対し、故障の際の修理等を行うことを約するものについては、家電商品等の製造・販売に付随するものと認められる限り、保険業には該当しないものと考えられます（少額短期保険業者向けの監督指針Ⅲ－1－1(1)（注2）、少額短期保険業関連の政令、内閣府令案に関するパブリックコメントの結果についての、「コメントの概要及びそれに対する金融庁の考え方」（平成18年3月9日公表、金融庁ウエブページ参照）2頁）。

② 代替物の提供

たとえば、携帯電話やコンタクトレンズが破損した場合に代替物を提供するといった形態が考えられますが、該当商品が日常品であり高価なものではなく、同等物が提供されるようなものについては、原則として、保険業に該当しないものと考えられます。

③ レンタル業者等の債務免除

たとえば、レンタカー会社が、レンタカー契約と同時に一定の対価の事前支払の代わりに、自動車が故障した場合の損害賠償義務を免除するといった内容の契約を締結することは、「社会通念上レンタル業者の行うレンタルサービスに付随して一体的に行われると認められる」ものであれば、保険業に該当しないものと考えられます（「少額短期保険業者向けの監督指針」に関するパブリックコメントの結果についての、「コメントとコメントに対する金融庁の考え方」（平成18年3月31日公表、金融庁ウエブページ参照）№25）。

(2) その他

これ以外にも、不動産賃貸借契約に係るいわゆる空室補償が保険業に該

当するものとされたノーアクションレター(平成18年4月6日公表、金融庁ウエブページ参照)、不動産賃貸借契約に係る賃借人退去時の賃貸建物の経年劣化による消耗等について、清掃、修繕を行うサービスが保険業に該当しないとされたノーアクションレター(平成19年4月13日公表、金融庁ウエブページ参照)、インターネット接続サービスへの接続機器等に対する修理サービスについて、修理サービスが1事故当たり5万円相当が上限とされていること等を理由として、保険業に該当しないとされたノーアクションレター(平成21年7月6日公表、金融庁ウエブページ参照)が参考となります。

〔錦野裕宗〕

Question 7

保険会社は保険業以外の業務を自由に行うことができるのでしょうか。どのような業務を行うことができ、どのような業務を行うことができないのでしょうか。

Answer

保険会社が行うことができる業務は、固有業務、付随業務、法定他業に限定されています。保険会社は、コンサルティング業務、ビジネスマッチング業務、事務受託業務については、原則として「その他の付随業務」として行うことが可能とされています。

―――― 解 説 ――――

1 保険会社の他業制限

(1) 他業制限の趣旨

保険業法100条は、「保険会社は、第97条及び前2条の規定により行う業務及び他の法律により行う業務のほか、他の業務を行うことができない」と規定し、保険会社の他業制限を定めています。

その趣旨は、保険会社は、保険業という公共性の高い事業を行うものであって、他業を行うことによるさまざまな不測のリスクが保険会社の業務・財務の健全性を害し、ひいては、保険契約者等に転嫁されてしまうとの事態を防止する必要性があり、原則として本来業務に専念すべきであるとの点に求められます(保険研究会編『コンメンタール保険業法』167頁)。

(2) 保険会社が行うことができる業務

保険会社が行うことができる業務は、固有業務、付随業務、法定他業に大別できます。

① 固 有 業 務

固有業務とは、「保険の引受け」、および保険料として収受した金銭その他の「資産の運用」です(保険業法97条1項・2項)。これらは、まさに保

険会社が行う業務の中核に位置づけられるべきものであり、固有業務と呼ばれます。

② 付随業務

保険会社は、①の固有業務に付随するものと考えられる業務（付随業務）を行うことができます。保険業法98条は、「保険会社は、第97条の規定により行う業務のほか、当該業務に付随する次に掲げる業務その他の業務を行うことができる」としています。

そして、「当該業務に付随する次に掲げる業務」として、以下のものを定めています。

イ　金融業を行う者の業務の代理または事務の代行（内閣府令で定めるものに限る）

　　これについては、事前に内閣総理大臣の認可が必要とされています（同法98条2項）。

ロ　債務の保証

ハ　国債等の引受け（売出しの目的をもってするものを除く）・当該引受けに係る国債等の募集の取扱い

ニ　金銭債権の取得または譲渡（資産の運用のために行うものを除く）

ホ　特定目的会社が発行する特定社債等の引受け（売出しの目的をもってするものを除く）・当該引受けに係る特定社債等の募集の取扱い

ヘ　短期社債等の取得または譲渡（資産の運用のために行うものを除く）

ト　有価証券の私募の取扱い

チ　デリバティブ取引（資産の運用のために行うものおよび有価証券関連デリバティブ取引に該当するものを除く。リにおいて同じ）であって内閣府令で定めるもの

リ　デリバティブ取引（内閣府令で定めるものに限る）の媒介、取次ぎまたは代理

ヌ　金融等デリバティブ取引（資産の運用のために行うものを除く）

ル　金融等デリバティブ取引の媒介、取次ぎまたは代理（内閣府令で定めるものを除く）

ヲ　有価証券関連店頭デリバティブ取引（資産の運用のために行うものを除く）
　ワ　有価証券関連店頭デリバティブ取引の媒介、取次ぎまたは代理
　これらの業務は、例示列挙であり、これら以外にも保険会社は一定の業務について「その他の業務」たる付随業務として行うことができるものとされています。これについては、2で説明します。

　③　法定他業
　保険業法は、固有業務、付随業務以外に保険会社が行うことができる業務を、いわゆる法定他業として、規定しています。公共債ディーリング、社債の募集・管理の受託、保険金信託業務等がこれに該当します（保険業法99条1項〜3項）。
　また、「他の法律により行う業務」についても、法定他業として行うことが可能とされています（同法100条）。

2　その他の付随業務

(1)　その他の付随業務の判断基準

　上述のとおり、保険業法98条に列挙された業務は、例示列挙であり、これら以外にも保険会社は一定の業務について「その他の業務」たる付随業務として行うことができるものとされています（一般的に「その他の付随業務」と呼称されている）。
　では、いかなる業務が「その他の付随業務」に該当するのでしょうか。
　これに関し、監督指針Ⅲ−2−14−1(2)は、「その他の付随業務」に該当するかどうかを判断するにあたっては、「法第100条において他業が禁止されていることに十分留意し、以下のような観点を総合的に考慮した取扱いとなっているか」とし、その判断要素として以下の4要素を提示しています。
　①　当該業務が、保険業法97条および98条1項各号に掲げる業務に準ずるか
　②　当該業務の規模が、その業務が付随する固有業務の規模に対して過

大なものとなっていないか
③　当該業務について、保険業との機能的な親近性やリスクの同質性が認められるか
④　保険会社が固有業務を遂行する中で正当に生じた余剰能力の活用に資するか

　この点、重要なのは、これらの観点を総合的に考慮すればよいとされている点です。たとえば、④の余剰能力の活用については、保険会社が付随業務を一定の範囲内で積極的に推進することを企図し、既存の体制を超えた新たな業務フロー等を構築するにあたり、この要素を満たすものかどうか疑義が生じうる場合もありますが、仮にこの要素を満たさないからといって、他の要素も含め総合的にみて付随業務として行うことが合理性があると認められる場合には、付随業務として行うことが許容されます。

　また、保険会社の他業制限の趣旨は、上述のとおり、保険業の公共性に鑑み、他業を行うことによるさまざまな不測のリスクが保険会社の業務・財務の健全性を害することを防止することにありますから、③の「保険業との機能的な親近性やリスクの同質性が認められるか」との観点は、重要です。保険業とは異質のリスクが発生する余地がないか、慎重に検討がなされる必要があります。当該リスクには、他業制限の趣旨が保険業の公共性から導き出されるものであることから、レピューテーションリスク（風評リスク）も含め、検討がなされる必要があります。保険業とは異質のリスクが発生しないよう、当該業務を行うにあたっての各種契約や、サービスを提供するにあたっての表示の仕方等について、細やかな配慮が求められることとなります。

(2)　監督指針によって明示されているその他の付随業務

　取引先企業に対するサービスの充実および固有業務における専門的知識等の有効活用の観点から、固有業務と切り離してこれらの業務を行う場合も「その他の付随業務」に該当することが、監督指針上明示されている業務もあります（監督指針Ⅲ－2－14－1(1)）。「保険会社が、従来から固有業務と一体となって実施することを認められてきたコンサルティング業務、

ビジネスマッチング業務、事務受託業務」です。

そして、コンサルティング業務については、保険会社が取引先企業に対し株式公開等に向けアドバイスを行う業務、個人の財産形成に関する相談に応ずる業務が可能なことが、明確化されています。

同様に、ビジネスマッチング業務については、有価証券関連業を行う金融商品取引業者に対し株式公開等が可能な取引先企業を紹介する業務、勧誘行為をせず単に顧客を有価証券関連業を行う金融商品取引業者に対し紹介する業務、有価証券関連業を行う金融商品取引業者等への投資信託委託会社は資産運用会社の紹介に係る業務が可能なことが、明確化されています。

そして、事務受託業務についても、保険代理店や同一グループ内の企業等に対して行う事務支援業務で当該保険会社が行っている業務が可能なことが、明確化されています。

一方で、コンサルティング業務、ビジネスマッチング業務、事務受託業務との概念自体は、必ずしも明確なものとはいえず、監督指針の規定ぶりにおいても「保険会社が、従来から固有業務と一体となって実施することを認められてきた」との留保文言もあります。これらの3類型に属する業務については、原則として「その他の付随業務」として行いうるものだとしても、やはり上述の4要素に照らし、保険会社が付随業務として行うことが適切か否か、の検討を行っておくことは必要なものと考えます。

(3) 付随業務遂行上の留意点

「その他の付随業務」を行うにあたっては、その行う業務に応じ、顧客保護や法令等遵守の観点から、必要に応じ弊害防止措置を講じなければならない場合があります。監督指針上、以下の留意点が、例示されています。

① 優越的地位の濫用として独占禁止法上問題となる行為の発生防止等法令等の厳正な遵守に向けた態勢整備が行われているか

・個人の財産形成に関する相談に応ずる業務の実施にあたっては、金融商品取引法に規定する投資助言業務に該当しない等の厳正な遵守に向けた態勢整備が行われているか

・当該業務に係る商品やサービスの内容、対価等が、保険業法300条1項5号に該当する行為または保険業法施行規則234条1項1号に該当する行為とならないための態勢整備が行われているか
② 提供される商品やサービスの内容、対価等契約内容が書面等により明示されているか
③ 付随業務に関連した顧客の情報管理について、目的外使用も含め具体的な取扱い基準が定められ、それらの役職員等に対する周知徹底について検証態勢が整備されているか

〔錦野裕宗〕

4　保険契約の当事者

Question 8

保険契約の当事者は誰でしょうか。また、保険契約には当事者以外にどのような関係者が存在するのでしょうか。

Answer

保険契約は、保険者と保険契約者の間の契約であり、「保険者」と「保険契約者」が契約の当事者となります。また、保険契約には、このほかに、「被保険者」「保険金受取人」という保険契約に特有の関係者が登場します。

───── 解　説 ─────

1　保険契約の当事者－「保険者」と「保険契約者」

保険契約も契約である以上、2人以上の当事者の意思表示の合致によって成立します。

保険契約は、当事者の一方が一定の事由が生じたことを条件として財産上の給付（保険給付）を行うことを約し、相手方がこれに対して当該一定の事由の発生の可能性に応じたものとして保険料を支払うことを約する契約です（法2条1号）。この実体を有している以上、保険契約・共済契約の名称は問いません。保険給付を行う義務を負う「保険者」（通常は保険会社が保険者となる）と保険料の支払義務を負う「保険契約者」が保険契約の当事者となります。

「保険者」、「保険契約者」については、保険法上、以下の定義規定が置かれています。

【2条2号】
　保険者　保険契約の当事者のうち、保険給付を行う義務を負う者をいう。

【2条3号】

保険契約者　保険契約の当事者のうち、保険料を支払う義務を負う者をいう。

　かかる定義規定は、損害保険・生命保険に共通のものであり、保険法で新たに設けられたものです。

　旧商法では、「保険者」についての定義はなく、「損害保険」「生命保険」の定義における、損害保険についての保険事故によって生じるべき「損害ヲ填補スルコトヲ約」する者（旧商法629条）、生命保険についての相手方又は第三者の生死に関し「一定ノ金額ヲ支払フベキコトヲ約」する当事者（旧商法673条）が「保険者」として扱われていました。

　また、「保険契約者」についても、旧商法では明確な定義はなく、「損害保険」「生命保険」の定義における「其報酬ヲ与フルコトヲ約」（旧商法629条・673条）する当事者が「保険契約者」として扱われていたにすぎませんでした。

　保険法の上記の定義規定は、旧商法における「保険者」「保険契約者」の位置づけを明確化したものでありますが、保険の当事者というきわめて重要な概念の定義を条文上明らかにした点で重要な意味をもつものです。

2　保険契約の当事者以外の関係者

　保険契約においては、上記の契約当事者のほか、被保険者、保険金受取人が関係者として登場します。

(1)　被保険者

　旧商法では、「被保険者」についての定義規定は設けられていませんでしたが、保険法では、保険の類型に応じ、「被保険者」について、以下の定義規定が設けられています。

【2条4号】

　被保険者　次のイからハまでに掲げる保険契約の区分に応じ、当該イからハまでに定める者をいう。

　　イ　損害保険契約　損害保険契約によりてん補することとされる損害を受ける者

ロ　生命保険契約　その者の生存又は死亡に関し保険者が保険給付を行うこととなる者
　ハ　傷害疾病定額保険契約　その者の傷害又は疾病に基づき保険者が保険給付を行うこととなる者

「被保険者」との用語は、保険法成立前の旧商法の時代から使用されていた用語ですが、その内容は、上記の定義規定のとおり、損害保険の場合と、生命保険、傷害疾病定額保険の場合とでまったく異なります。

　損害保険においては、保険事故が発生した場合に、保険事故により損害を受ける経済的利益（被保険利益）の主体として保険金の支払を受ける者、すなわち、被保険利益の帰属主体が「被保険者」に当たります。

　一方、生命保険、傷害疾病定額保険においては、その人の生死、傷害、疾病が保険事故とされる人、すなわち、保険事故の発生の客体が「被保険者」として位置づけられています。

(2) 保険金受取人

　旧商法では、「保険金受取人」について、定義規定は設けられていませんでしたが、保険法では以下の定義規定が設けられています。

【2条5号】
　　保険金受取人　保険給付を受ける者として生命保険契約又は傷害疾病定額保険契約で定めるもの

　上記の定義規定からわかるとおり、生命保険契約および傷害疾病定額保険において、保険事故が発生した場合または満期が到来した場合に保険金請求権を有する者が「保険金受取人」に当たります。

　保険金受取人は、保険金請求権者である点で、損害保険契約における被保険者と同様の地位に立つものですが、生命保険契約や傷害疾病定額保険契約においては、損害保険契約の場合のような被保険利益の有無や評価が問題とならないため、契約の中で合意により保険金受取人を定めることとなります。

3 関係者相互の関係

(1) 損害保険における関係者相互間の関係

損害保険は、自己の損害をてん補するためにかける場合と、第三者の損害をてん補するためにかける場合とがあります。

前者の場合には、保険契約者と被保険者が同一となり、この場合の契約を一般に「自己のためにする損害保険契約」といいます。

これに対し、後者の場合には、保険契約者と被保険者が一致しないことになり、かかる契約を「第三者のためにする損害保険契約」といいます（法8条）。

第三者のためにする損害保険契約の例としては、倉庫業者が保険契約者になって、寄託物を保険の目的物、寄託者を被保険者として損害保険をかける場合などがあります。

これを図示すると以下のようになります。

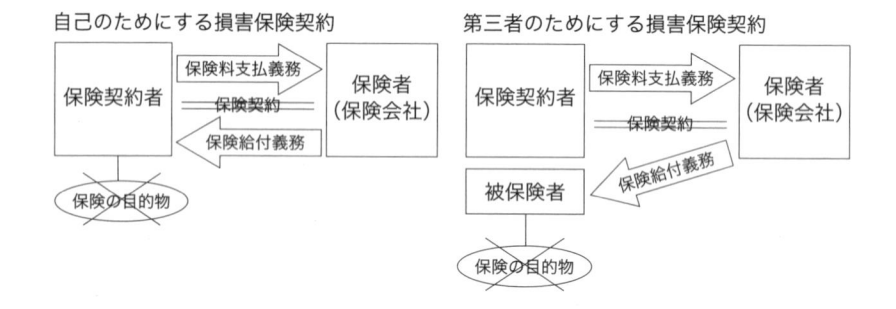

(2) 生命保険、傷害疾病定額保険契約における関係者相互間の関係

生命保険や傷害疾病定額保険においては、保険契約者、被保険者、保険金受取人が登場しますが、これらが各々同一人である場合と、別人である場合が想定されます。

保険金受取人と保険契約者とが同一である契約を「自己のためにする生命保険契約」「自己のためにする傷害疾病定額保険契約」といいます。

一方、保険契約者と保険金受取人が別人である契約を「第三者のために

する生命保険契約」「第三者のためにする傷害疾病定額保険契約」といいます（法42条・71条）。

　一家の世帯主が保険契約者になり、自己を被保険者、家族を受取人とする生命保険契約を締結することが広く行われていますが、このような契約が「第三者のためにする生命保険契約」の典型です。

　また、保険金受取人は被保険者と同一であることもありますが、もちろん、別人でもかまいません。

　これを図示すると以下のようになります。

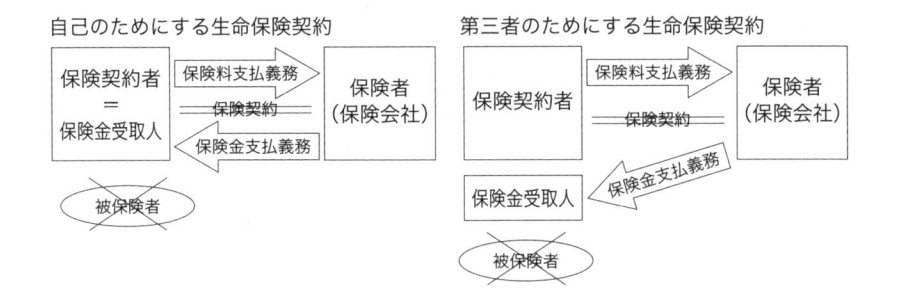

自己のためにする生命保険契約

```
┌─────────┐  保険料支払義務  ┌─────────┐
│ 保険契約者 │ ──────────▶ │  保険者  │
│    ＝    │    保険契約     │(保険会社)│
│保険金受取人│ ◀────────── │         │
└─────────┘  保険金支払義務  └─────────┘
     │
   ⊗被保険者
```

第三者のためにする生命保険契約

```
┌─────────┐  保険料支払義務  ┌─────────┐
│ 保険契約者│ ──────────▶ │  保険者  │
│          │   保険契約      │(保険会社)│
└─────────┘                 └─────────┘
┌─────────┐  保険金支払義務       ▲
│保険金受取人│ ◀──────────────────┘
└─────────┘
     │
   ⊗被保険者
```

　なお、死亡保険契約（保険会社が被保険者の死亡に関し、保険給付を行うことを約する生命保険契約）や傷害疾病保険で保険契約者と被保険者が異なる場合、被保険者の同意を取得する必要があり（ただし、傷害疾病定額保険では例外あり）、かかる同意がない場合、契約の効力は生じないこととされています（法38条・67条1項）。

〔山田威一郎〕

5　保険約款

Question 9

保険約款とは、何でしょうか。また、その解釈方法や効力が制限される場合についても教えてください。

Answer

　保険約款とは、保険契約の具体的な内容を定めた契約条項であり、保険契約においては、保険者があらかじめ定型的な保険約款を作成しており、この保険約款を契約条項として契約締結がなされるのが一般的です。保険契約締結後は、保険約款が保険契約者と保険者との間の契約の内容として拘束力を有し、保険契約上の各種行為は、保険約款の規定に従って判断され、保険約款の規定に則った運用がなされることになります。

　保険約款を適用するにあたっては、保険約款が集団的画一的取引を前提とした保険契約において適用されることから、基本的には客観的な解釈がなされることが求められます。

　ただ、保険約款は、保険者が一方的に作成するものであることから、その内容が不当で顧客被害が顕著な場合には、その条項については解釈上一定の制限がなされる場合があります。

――――――― 解　説 ―――――――

1　保険約款とは

　契約は当事者の意思表示の合致によって成立するものですが、その具体的な契約条件について、当事者間で交渉するのではなく、一方当事者の作成した契約条件について、相手方当事者がそのまま認めるか、あるいは契約しないかの自由しかない契約のことを「附合契約」といいます。

　そして、附合契約において使用される一方当事者においてあらかじめ作成された契約条項のことを「約款」といいます。

　たとえば、鉄道の利用、電気の利用、ホテルの宿泊など企業などが不特

定多数の利用者との契約を定型的に処理するような場合に、附合契約の形がとられています。

保険取引は、集団的画一的取引が前提とされており、その契約の内容を定型的に定めることが必然的に要求されていることから、附合契約の形がとられており、基本的には、保険者があらかじめ定めた約款により契約条件が決められ、この保険者が作成した保険契約に関する約款のことを「保険約款」といいます。

保険契約締結後は、保険約款が保険契約者と保険者との間の契約の内容として拘束力を有し、保険契約上の各種行為は、保険約款の規定に従って判断され、保険約款の規定に則った運用がなされることになります。

2　保険約款の規定内容

保険約款は、保険契約の具体的な内容を定めたものであり、一般的には、以下のような内容が詳細に規定されています。
- 保険金の支払事由
- 保険契約の無効原因
- 免責事由
- 保険者の義務の範囲を定める方法、履行時期
- 保険契約者等の義務の不履行のために受ける不利益
- 解除の原因およびその際の当事者の権利義務
- 契約者配当等の権利の範囲

3　保険約款の拘束力

附合契約一般にいえることですが、契約を締結する消費者は、その目的物や価格については知っていても、約款の細かい条項まで確認せずに、その他の契約条件についてはどんな条項があるか知らないし、関心もない場合がよくあります。

保険約款についても、保険契約者が保険約款の内容を十分に認識して契約の内容とする意思がないこともありえます。そのため、仮に、保険契約

者が保険約款の内容を認識せずに保険契約を締結した場合に、その保険契約者に保険約款の法的拘束力が及ぶのか否かという点が問題となりえます。

　この点については、保険契約の当事者が特に保険約款によらない意思を表示せずに契約をした場合には、反証がない限りその約款による意思で契約したものと推定すべきであり、保険者の定める保険約款に基づき契約する旨を記載した保険契約申込書に保険契約者が任意に署名して申込みをした以上、たとえ契約の当時その約款の内容を知らなかったとしても、これによる意思をもって契約したものと推定する旨を判示した判例があり（大判大正4・12・24民録21輯2182頁）、この判例の考えに従って現在の実務は運用されています。

　すなわち、「保険者の定める保険約款に基づき契約する」という趣旨の記載がある保険契約申込書に任意に署名押印して保険契約を締結した場合には、特段の事情がない限り、保険契約者は保険約款による意思で契約したものとされることになります。

　なお、保険契約者が、保険者の保険約款を承認のうえ保険契約を申し込む旨の文言が記載されている保険契約の申込書を作成して保険契約を締結したときは、反証のない限り、たとい保険契約者が盲目であって、上記約款の内容を告げられず、これを知らなかったとしても、なお上記約款による意思があったものと推定すべきであると判示した判例もあります（最判昭和42・10・24裁判集民事88号741頁）。

4　保険約款の解釈方法

　保険約款を適用するにあたって、その約款の内容の解釈に疑義が生じる場面がありえます。

　契約条項の解釈に疑義が生じた場合、当事者の協議によって作成され、締結された契約の場合、当該契約を作成し、締結した各当事者の意思や理解等の当事者の主観面を検討していくこともありますが、保険契約の場合、集団的画一的取引が前提とされており、その契約条項は保険約款とい

う保険者が定型的に定めたものであるため、その解釈において、個々の顧客の主観面を重視するのは適当ではなく、基本的には約款の条項を客観的に解釈することが求められているといえます。

　もっとも、保険約款は定型的に作成されたものであり、その文言を厳格に適用した場合には、不都合が生じる場合もありうるため、その解釈にあたっては、約款の文言の記載を基本としつつ、当該条項が置かれている趣旨を問題とするとともに、保険契約者側の合理的な利益を考慮した合理的な意味内容は何かという点をも加味して検討していくことになります。

5　保険約款の効力が制限される場合

　保険約款は、集団的画一的取引を前提として、定型的に定められたものであり、保険契約者は、保険者により作成された約款に規定される内容を受け入れるしかありません。よって約款の内容が不当な場合、顧客被害が発生するおそれがあります。このような顧客被害が顕著な場合には、公序良俗違反として無効になるものと考えられます（民法90条）。

　また、損害発生の通知義務違反の場合に当該義務違反による損害の範囲に免責額を制限した判例（最判昭和62・2．20民集41巻1号159頁）、住宅火災保険の目的物譲渡に係る通知義務につき譲渡後遅滞なく譲渡の通知をすれば足りるものとした判例（最判平成5・3・30民集47巻4号3384頁）等、約款の解釈に中でその効力を実質的に制限し妥当な結論を導いているものもあります。

　消費者契約法についても留意が必要です。消費者契約法10条は、民法等の任意規定の適用による場合と比較し、「消費者の権利を制限し、又は消費者の義務を加重する消費者契約の条項」で、民法の信義誠実の原則に反して消費者の利益を一方的に害するものは、無効としています。当該規定を根拠に継続保険料不払の際の無催告失効条項を無効とした裁判例（東京高判平成21・9・30金融法務事情1882号82頁）が存在します。

　加えて、保険法においては、保険契約者側を保護する趣旨の規定について、それらの規定の実効性を確保するために、当該規定に反する特約で保

険契約者側に不利なものを無効とする「片面的強行規定」としています（法7条・12条・26条・33条・41条・49条・53条・65条・70条・78条・82条・94条）。

　そのため、保険法が片面的強行規定とした趣旨に反する約款は、当該片面的強行規定によって、その効力が制限されることになります。

〔衛藤祐樹〕

Ⅱ 保険契約の成立

1　保険募集

Question 10

保険募集とは何でしょうか。その主体や必要な資格について教えてください。

Answer

保険募集とは、保険契約の締結の代理または媒介を行うことをいいます。保険業法は、保険募集主体として、生命保険募集人、損害保険募集人、保険仲立人等を予定しており、これら以外の無資格者が保険募集を行った場合には、刑事罰が用意されています。

――― 解　説 ―――

1　保険募集

　保険募集とは、保険契約の締結の代理または媒介を行うものとされています（保険業法2条26項）。

　保険契約締結の代理とは、保険会社から保険契約締結権限を与えられたうえで、保険会社のために、保険契約の締結を行うことをいいます。

　一方、保険契約の締結の媒介とは、保険会社と保険契約者を当事者とする保険契約の成立に尽力する行為を指します。

　典型的な保険商品の販売勧誘は、顧客に対面し、自らが販売勧誘しうる保険商品の中から顧客が興味を示しまたは示すだろうというものを顧客に紹介し、その中で顧客が興味を示した保険商品の内容を説明し、顧客から保険商品の申込みを受けるという流れで行われるものですが、たとえば、それ以外にも店頭に保険商品の広告を掲示するとか、保険会社等に顧客を紹介するとか、顧客に対しセミナーを行う等の行為も想定されます。いかなるレベル感のものが保険業法で規制される保険募集に該当するのでしょうか。

　監督指針（Ⅱ-3-3-1(1)②、Ⅱ-3-3-1(5)②）においては、保険業法

276条の登録の要否については、一連の行為の中で当該行為の位置づけを踏まえたうえで総合的に判断する必要があるものとしています。

そして、以下の業務は保険募集に該当するものとの考えを示しています。

① 保険契約の締結の勧誘
② 保険契約の締結の勧誘を目的とした保険商品の内容説明
③ 保険契約の申込みの受領
④ その他の保険契約の締結の代理または媒介

一方、次に掲げる行為のみを行う者は、基本的には募集人登録は不要であるとの考えを示しています。

① 保険募集人の指示を受けて行う、商品案内チラシの単なる配布
② コールセンターのオペレーターが行う、事務的な連絡の受付や事務手続等についての説明
③ 金融商品説明会における、一般的な保険商品の仕組み、活用法等についての説明

結局は、当局の考えに従い、一連の行為の中で当該行為の位置づけを踏まえたうえで総合的に判断されるべきものなのですが、個々の顧客に対し、個別の保険商品の商品内容を説明するようなものは、原則として保険募集に該当するものと考えます。

2　保険募集主体、必要な資格

(1) 保険募集主体

保険業法は、保険商品の販売勧誘、すなわち保険募集が公正になされることを確保するため、販売勧誘を行う保険商品、保険募集形態により、保険募集を行うことができる者を限定しています（保険業法275条）。

保険募集主体としては、「生命保険募集人」、「損害保険募集人」、「保険仲立人」が想定されています。

(2) 生命保険募集人

「生命保険募集人」とは、①生命保険会社の役員（代表権を有する役員・監

査役・監査委員を除く）、②生命保険会社の使用人、③①および②の使用人、④生命保険会社の委託を受けた者、⑤④の役員・使用人で、当該生命保険会社（所属保険会社）のために保険契約の締結の代理・媒介を行うものをいうものとされています（保険業法2条19項）。

これらの者が保険募集を行うためには、保険業法276条所定の登録を行う必要があります。

(3) 損害保険募集人、損害保険代理店

「損害保険募集人」とは、①損害保険会社の役員（代表権を有する役員・監査役・監査委員を除く）、②損害保険会社の使用人、③損害保険代理店、④損害保険代理店の役員・使用人をいうものとされています（保険業法2条20項）。そして、「損害保険代理店」とは、損害保険会社の委託を受けて、その損害保険会社のために保険契約の締結の代理または媒介を行う者で、その損害保険会社の役員または使用人でないものをいうものとされています（同法2条21項）。

これらの者は、当該損害保険会社（所属保険会社）のために保険契約の締結の代理・媒介を行うことができるものとされています（同法275条1項2号）。

これらの者のうち、①および②については、登録等は求められていませんが、③の損害保険代理店については、保険業法276条所定の登録を行う必要があり、また、④の損害保険代理店の役員・使用人については、保険業法302条により、氏名・生年月日を内閣総理大臣に届け出しなければならないものとされています。

(4) 保険募集人

このような「生命保険募集人」、「損害保険募集人」、そして少額短期保険業者に係る「少額短期保険募集人」（保険業法2条22項）をあわせて、保険業法では「保険募集人」と定義づけされています（同法2条23項）。

このような「保険募集人」は、「所属保険会社等」（保険募集を行う保険契約の保険者となるべき保険会社等）のために保険募集を行う点、すなわち保険会社側の立場から販売勧誘を行う者である点に特色があります。

(5) 保険仲立人

一方、保険会社から独立した立場で保険会社と顧客との間の保険契約の締結を仲介する者（いわゆるブローカー）として、保険業法は「保険仲立人」という保険募集主体を認めています。「保険仲立人」とは、保険契約の締結の媒介であって生命保険募集人、損害保険募集人および少額短期保険募集人がその所属保険会社等のために行う保険契約の締結の媒介以外のものを行う者をいうものとされています（保険業法2条25項）。

保険仲立人は、保険会社から独立した存在であり、保険契約者等を保護する観点から、保険業法上、「顧客のため誠実に保険契約の締結の媒介を行わなければならない」との誠実義務（いわゆるベストアドバイス義務）を課せられている点に特徴があります（同法299条）。

このような、保険仲立人や、その役員・使用人も保険募集（保険契約の締結の媒介）を行うことができます（同法275条1項4号）。

保険仲立人については、保険業法286条所定の登録を行う必要があり、その役員・使用人については、保険業法302条により、氏名・生年月日を内閣総理大臣に届け出しなければならないものとされています。

(6) 罰　則

上記以外の無資格者が保険募集行為を行った場合、刑事罰が用意されており、1年以下の懲役もしくは100万円以下の罰金、またはこれらが併科されることとなります（保険業法317条の2第4号）。

〔錦野裕宗〕

Question 11

保険募集人は保険の販売勧誘を行うにあたり、どのような情報を提供する必要がありますか。

Answer

保険業法上の重要事項説明義務に基づき、「契約概要」、「注意喚起情報」を交付し、わかりやすく説明する必要があります。

―― 解 説 ――

1 行為規制としての重要事項説明義務、および体制整備義務としての重要事項説明義務

(1) 行為規制としての重要事項説明義務

保険業法300条1項は、保険会社等に対し、保険契約の締結または保険募集に関して、「保険契約の契約条項のうち重要な事項を告げ」ることを求めています。これが、保険業法上のいわゆる重要事項説明義務です。

この点、「保険契約の契約条項のうち重要な事項」とは保険契約者が保険契約の締結の際に合理的な判断をなすために必要となる事項をいい、具体的には当該保険契約の種類および性質等に応じて判断されるものとされています(保険研究会編『保険業法』476頁)。

(2) 体制整備義務としての重要事項説明義務

上記(1)とは別途、保険業法上、保険会社には、顧客に対する重要な事項の顧客への説明を確保するための体制整備義務(健全かつ適切な運営を確保するための措置)が定められています(保険業法100条の2、同法施行規則53条1項・53条の7)。

具体的には、「保険募集に際して、生命保険募集人又は損害保険募集人が、保険契約者及び被保険者(保険契約の締結時において被保険者が特定できない場合を除く。)に対し、保険契約の内容のうち重要な事項を記載した書面の交付その他の適切な方法により、説明を行うことを確保するための

措置」や、「顧客の知識、経験、財産の状況及び取引を行う目的を踏まえた重要な事項の顧客への説明その他の健全かつ適切な業務の運営を確保するための措置（書面の交付その他の適切な方法による商品又は取引の内容及びリスクの説明並びに犯罪を防止するための措置を含む。）に関する社内規則等（社内規則その他これに準ずるものをいう。）を定めるとともに、従業員に対する研修その他の当該社内規則等に基づいて業務が運営されるための十分な体制を整備」することが求められています（同規則53条1項10号・53条の7）。

(3) 両重要事項説明義務の関係性

上記のように、保険業法においては、行為規制としての重要事項説明義務と、体制整備義務としての重要事項説明義務が、併存することとなっています。

両者は異なる時期、経緯によりそれぞれ導入されることとなったものであり、両規制の関係について必ずしも論理的な説明ができるものではありません。

一般論としては、行為規制としての重要事項説明義務は刑事罰の対象ともされる（保険業法317条の2第5号）行為規制であることからも、その適用には一定の明確性・謙抑性が求められるものですが、体制整備義務としての重要事項説明義務については、より柔軟な適用が予定されているものと考えられます。

2 「契約概要」、「注意喚起情報」

(1) 総論

上記の行為規制としての重要事項説明義務、および体制整備義務としての重要事項説明義務を法律上の根拠とし、監督指針においては、保険商品の販売・勧誘時に説明すべき重要事項を、

① 「契約概要」（顧客が保険商品の内容を理解するために必要な情報）

② 「注意喚起情報」（顧客に対して注意喚起すべき情報）

に分類し、記載すべき事項の枠組み、およびそれらの記載方法、説明方法

等について明確化が行われています（監督指針Ⅱ－3－3－2・Ⅱ－3－3－6・Ⅱ－3－5－1）。その中で、「契約概要」・「注意喚起情報」に記載すべき主な項目の明確化が図られるところとなっています（注1）（注2）。

この、「契約概要」・「注意喚起情報」は、保険業法300条1項1号の「重要事項」のうち、特に説明すべき重要事項を整理したものとの位置づけられており、この説明のみで、同号の「重要事項」の説明が必ずしも尽くされたとはいえません。しかし、「契約概要」・「注意喚起情報」を記載した書面に、たとえば、「『契約概要』・『注意喚起情報』を記載した書面には、すべての契約情報が記載されているわけではなく、詳細な内容については契約のしおりや約款などを併せて参照すること」等と記載し、契約のしおりを交付、説明することで一応の説明は尽くされるものと解されています。

(2)「契約概要」、「注意喚起情報」の記載方法に係る留意点

「契約概要」・「注意喚起情報」には、上記体制整備義務としての重要事項説明義務の観点から、顧客にとってわかりやすく理解しやすいものとすることが求められています。よって、上記監督指針においては、記載方法についても、以下のきめ細やかな留意点が示されることとなっています（監督指針Ⅱ－3－5－1－2(16)①②）。

① 文字の大きさや記載事項の配列等について、顧客にとって理解しやすい記載とされているか（たとえば、文字の大きさを8ポイント以上とすること、文字の色、記載事項について重要度の高い事項から配列する、グラフや図表の活用などの工夫）

要するに、ただ文書を作成・交付することによって、顧客からの免罪符を得るといった考えではなく、真に顧客の立場に立って、読みやすく、わかりやすいものとすることが求められています。

② 記載する文言の表示にあたっては、その平明性および明確性が確保されているか（たとえば、専門用語について顧客が理解しやすい表示や説明とされているか。顧客が商品内容を誤解するおそれがないような明確な表示や説明とされているか）

保険においては、日常生活には使用されない、難解な専門用語、法律用語、業界用語が、数多く登場します。これらの用語はできるだけ使用しないか、使用するにしても、適切な説明を行う等し、顧客側の理解に配慮することが求められています。

　③　顧客に対して具体的な数値等を示す必要がある事項（保険期間、保険金額、保険料等）については、その具体的な数値が記載されているか（仮に、具体的な数値等を記載することが困難な場合は、顧客に誤解を与えないように配慮のうえ、代表例、顧客の選択可能な範囲、他の書面の当該数値等を記載した箇所の参照等の記載を行うことが求められている）

　具体的な数値等が示されることにより、顧客はより具体的に説明内容をイメージすることができ、顧客の理解に資することとなります。よって、できる限り具体的に数値等を記載することが求められています。

　④　当該書面に記載する情報量については、たとえば、両書面あわせてＡ３両面程度とする等、顧客が理解しようとする意欲を失わないよう配慮するとともに、保険商品の特性や複雑性にあわせて定められているか

　情報量が多すぎることは、かえって顧客側の理解しようとする意欲を減退させることとなってしまい、決してほめられたものではありません。「Less is more」（過ぎたるは及ばざるがごとし）という考え方に基づいています。

　⑤　当該書面は他の書面とは分離・独立した書面とする、または同一の書面とする場合は、他の情報と明確に区別し、重要な情報であることが明確になるように記載されているか

　「契約概要」・「注意喚起情報」は、重要な書面であるため、できる限り分離・独立した書面とし、その重要性を顧客にわかってもらえるようにすることを目的としています。

　⑥　顧客に対して、保険会社における苦情・相談の受付先を明示するとともに、保険会社との間で苦情の解決が図れない等の場合は、当該保険会社が所属する協会の苦情・相談の受付先等に対して、苦情・相談

の申立をすることができる旨が明示されているか

「契約概要」・「注意喚起情報」は、顧客の視点に立ち、わかりやすく理解しやすいものとすることが求められています。しかし、これは一度にできるものではなく、顧客からの苦情等を踏まえ、それを改定に生かしていくことにより、はじめて実現できるものといえます（いわゆるＰＤＣＡサイクル）。よって、そのような苦情を保険会社が適切に把握できるようにするため、苦情等の受付先の明示が求められています。

(3) 最低限の口頭説明

「契約概要」・「注意喚起情報」の交付に加え、少なくとも、以下のような情報の提供および説明を口頭により行うことが求められています（監督指針Ⅱ－3－5－1－2(16)③、(注3)(注4)）。

① 当該書面を読むことが重要であること
② 主な免責事由など顧客にとって特に不利益な情報が記載された部分を読むことが重要であること
③ 特に、乗換、転換の場合は、これらが顧客に不利益となる可能性があること

(4)「契約概要」・「注意喚起情報」の提供時期

「契約概要」・「注意喚起情報」の提供時期については、契約締結に先立ち顧客が当該書面の内容を理解するための十分な時間が確保されるべきことを求められています。

　なお、「注意喚起情報」については、顧客に対して効果的な注意喚起を行うため、契約の申込時に説明・交付することでも足りるものとされています（監督指針Ⅱ－3－5－1－2(16)④、(注1)）。

(5) 団体保険等について

　団体保険または団体契約、財形保険について、保険契約者である団体が被保険者となる者に対して加入勧奨を行う場合にも、保険会社が顧客に対して行うのと同程度の情報の提供および説明が適切に行われることを確保するための措置を講じることが求められています（監督指針Ⅱ－3－5－1－2(16)⑥、(注5)）。

3 まとめ

　保険募集人が、保険の販売勧誘を行うにあたっては、保険業法上の重要事項説明義務に基づき、「契約概要」、「注意喚起情報」を交付し、監督指針上の留意点にも配慮し、わかりやすく説明する必要があります。保険会社においては、「契約概要」・「注意喚起情報」に関し、顧客から寄せられる苦情・意見等を真摯に検討し、その内容を参考としつつ、顧客がわかりやすく、理解しやすいものとするための不断の努力を行うことが求められるものといえます。

(注1)「契約概要」の項目としては、①当該情報が「契約概要」であること、②商品の仕組み、③保障（補償）の内容、④付加できる主な特約およびその概要、⑤保険期間、⑥引受条件、⑦保険料に関する事項、⑧保険料払込みに関する事項、⑨配当金に関する事項、⑩解約返戻金等の有無およびそれらに関する事項、等。
「注意喚起情報」の項目としては、①当該情報が「注意喚起情報」であること、②クーリング・オフ、③告知義務等の内容、④責任開始期、⑤保険金等を支払わない場合のうち主なもの、⑥保険料の払込猶予期間、⑦契約の失効、復活等、⑧解約と解約返戻金の有無、⑨セーフティネット、⑩特に法令等で注意喚起することとされている事項、等。
(注2) 商品分野ごとの細目については、生命保険協会、日本損害保険協会、外国損害保険協会において保険商品の特性等を踏まえた自主ガイドラインが定められている。
(注3) 電話・郵便・インターネット等のような非対面の方式による情報の提供および説明を行う場合にも同程度の情報の提供および説明を行うことを求めている。
(注4)「保険商品の販売勧誘のあり方に関する検討チーム」における、重要事項説明書の受領の確認印については、書面を交付すること自体が目的となってしまい、顧客に重要事項を了知させるという本来の目的が果たせていない、との指摘を受けて定められたものである。
(注5) 団体保険の1つである消費者信用団体生命保険について、生命保険協会は、消費者信用団体生命保険を取り扱う会員各社が当該保険について適正な実務運営を確保するための対応における参考の用に供するため、「消費者信用団体生命保険の実務運営に関するガイドライン」を、平成18年9月28日、策定・公表している（http://www.seiho.or.jp/standard/pdf/syouhisyadansin.pdf）。

〔錦野裕宗〕

Question 12

保険募集人が保険の販売勧誘を行うにあたり、免責事由に関し必要な情報を提供しなかった場合、保険会社や保険募集人が損害賠償義務を負担することがあるのでしょうか。

Answer

保険募集人が損害賠償義務を負担する場合はありえます。その場合、保険会社も原則として顧客に対する損害賠償責任を負担します。

──── 解　説 ────

1　保険業法上の説明義務違反と私法上の不法行為責任との関係

　保険業法において、保険会社等は、保険契約の締結または保険募集に関して、保険契約の契約条項のうち重要な事項を説明しなければならない義務（重要事項説明義務）を負担しています（保険業法300条1項）。そして、「保険契約の契約条項のうち重要な事項」とは保険契約者が保険契約の締結の際に合理的な判断をなすために必要となる事項をいい、具体的には当該保険契約の種類および性質等に応じて判断されるものとされています（保険研究会編『保険業法』476頁）。これは、保険業法という公法上の義務です。

　一方、私法たる民法は、故意または過失によって他人の権利または法律上保護される利益を侵害した者は、これによって生じた損害を賠償する責任を負うものとし、不法行為による損害賠償責任を規定しています（民法709条）。要するに、①不法行為、②行為者の故意・過失、③損害、④①と③の因果関係が存在すれば、私法上の不法行為責任が成立することとされています。

　この点、保険業法上の重要事項説明義務違反が存在した場合に、ただちに私法上の不法行為責任が発生するものではなく、その発生を基礎づける1つの（重要な）要素にとどまるものと考えられています。

2　不法行為成立の可能性

　本設問では、保険募集人が、保険商品の販売勧誘を行うにあたり、免責事由に関し必要な情報を提供していないとのことなので、原則として説明義務違反を理由とした不法行為責任が肯定されることとなります。

　しかし、実務においては、保険会社等は保険商品の販売勧誘を行う際に、契約概要・注意喚起情報等の重要事項説明書、パンフレット、約款等を交付しているのが通常です。それらの中に当該免責事由が記載されていたとすれば、書面による説明がなされたとして、不法行為責任は一切問いえないこととなるのでしょうか。

　このような場合、書面による説明がなされており、顧客は当該免責事由の存在を認識することが可能であったため、原則として不法行為責任は成立しないものと考えます。しかし、当該販売勧誘の態様、当該販売勧誘における保険募集人と顧客との関係、当該免責事項が記載された部分のわかりやすさ・顧客の理解可能性、当該保険商品や当該免責事由の社会における認知度・特殊性、当該免責事由に係る理解・認識を妨げる、あるいは当該保険がニーズに合致しないとの顧客側の事情や、保険募集人側のその認識可能性等を総合考慮し、例外的に不法行為責任が成立する場合もあるものと考えます。

　単純な例を挙げれば、顧客が外国人であり、日本語が読めないことが保険募集人側にも明らかであるような場合には、原則として不法行為責任は成立するものと考えます。

3　損害賠償の範囲

　では、このような場合、不法行為に基づく損害賠償として賠償すべき損害額はどのようになるのでしょうか。

　本件免責事由の存在や内容が保険募集人により説明されていれば、顧客としては本件保険契約を締結しなかったと認められる場合には、支払保険料相当額の損害賠償は少なくともなされるべきものと考えます。

では、それを超えて、当該免責事由が存在しなかったとしたら支払われたであろう保険金（保険給付）相当額についてまで、損害賠償責任は認められるべきでしょうか。

これは、不法行為に基づく損害賠償請求における相当因果関係の問題です。仮に、当該免責事由が定められていないような保険商品が存在しないのであれば、顧客としてはそのような保険商品を選択し、保険給付を得ることはできないのですから、保険金（保険給付）相当額までの損害賠償責任は認められないものと考えます。仮にそのような他の保険商品が存在したとしても、その保険商品の保険料が高額で、契約者がこれを知っていたとして、その保険商品を選択する可能性が低いような場合にも保険金（保険給付）相当額までの損害賠償責任は認められるべきではありません。逆にこのような事情がない場合には、保険金（保険給付）相当額までの損害賠償請求も認められる余地があります。

なお、保険契約者側の事情に基づいて過失相殺が行われることがあります（民法722条2項）。

4　保険会社の責任

保険業法283条1項は、所属保険会社等（生命保険募集人、損害保険募集人等が保険募集を行う保険契約の保険者となるべき保険会社）の賠償責任として、所属保険会社等は、保険募集人が保険募集について保険契約者に加えた損害を賠償する責任を負うものとしています。よって、保険募集人に対して損害賠償請求を行いうる場合には、原則として、保険会社に対しても損害賠償請求が行いうることとなります。

〔錦野裕宗〕

Question 13

保険商品の販売勧誘に関する適合性原則およびそれに関わる法制について教えてください。

Answer

保険商品の販売勧誘に関しては、変額年金保険、外貨建て保険、ＭＶＡを利用した保険等の特定保険契約については、行為規制としての適合性原則が、それ以外のものも含め、保険商品全般について、体制整備義務としての適合性原則が、それぞれ適用されます。そして体制整備義務としての適合性原則の具体化として、「意向確認書面」の作成・交付・保存等が求められています。

解　説

1　総　論

(1)　適合性の原則

　一般的に「適合性の原則」は、
① 　狭義の適合性原則（ある特定の利用者に対しては、どんなに説明を尽くしても一定の商品の販売・勧誘を行ってはならない）
② 　広義の適合性原則（販売業者は利用者の知識・経験・財産力、投資目的等に適合した形で販売・勧誘を行わねばならない）
に分類のうえ説明されます（金融審議会第一部会「中間整理（第一次）」）。

(2)　狭義の適合性原則と広義の適合性原則

　狭義の適合性原則は、販売・勧誘を禁止するものであり、どんなに説明を尽くしても、また、どんなに顧客が欲しても、それが解除されるものではないという、きわめて強い行為規制といえます。本来、自由に行われるべき私人間の取引について、国家が介入し禁止するといったパターナリスティックな規制であり、また、本来的にその適用範囲が必ずしも明確なものではないため（予測可能性が低い）、行政処分等の実際の適用は謙抑的に

なされるべきものと考えます。

　一方、広義の適合性原則は、いわゆる実質的説明義務であり、顧客の知識、経験、財産状況、契約締結目的等に照らし、顧客の理解度に配慮した重要事項等の説明を求めるものです。

2　保険業法における適合性原則の具体化

(1)　行為規制としての適合性原則

　金融商品取引法40条1項1号は、業務の運営の状況が「金融商品取引行為について、顧客の知識、経験、財産の状況及び金融商品取引契約を締結する目的に照らして不適当と認められる勧誘を行って投資者の保護に欠けることとなっており、又は欠けることとなるおそれがあること」に該当することのないよう業務を行うことを求めており、これが行為規制としての適合性原則の一般的条文とされています。

　保険業法においては、変額年金保険や外貨建て保険、MVAを利用した保険等、元本欠損が生ずるおそれがある投資性の強い保険商品を「特定保険契約」と整理し、これに上記金融商品取引法40条1項1号の適合性の原則等、の金融商品取引法上のルールを準用するものとされています（保険業法300条の2）。

　他方、特定保険契約以外の保険商品については、このような行為規制としての適合性の原則の根拠条文は存在しません。

　よって、「特定保険契約」については、行為規制としての適合性の原則が適用されることとなります。

　これを受け、監督指針（Ⅱ-3-5-1-3）においては、保険会社・保険募集人は、特定保険契約の販売・勧誘にあたり、たとえば、以下の情報を顧客から収集し、この収集した情報の内容に則った適切な勧誘を行うことが求められています。

　①　生年月日（顧客が自然人の場合に限る）
　②　職業（顧客が自然人の場合に限る）
　③　資産、収入等の財産の状況

④　過去の金融商品取引契約（金融商品取引法34条に規定する「金融商品取引契約」をいう）の締結およびその他投資性金融商品の購入経験の有無およびその種類

⑤　すでに締結されている金融商品の満期金または解約返戻金を特定保険契約の保険料に充てる場合は、当該金融商品の種類

⑥　特定保険契約を締結する動機・目的、その他顧客のニーズに関する情報

(2)　体制整備義務としての適合性原則

①　保険業法100条の2、保険業法施行規則53条の7において、保険会社は、顧客の知識、経験、財産の状況を踏まえた重要な事項の顧客への説明その他の健全かつ適切な業務の運営を確保するための措置等に関する社内規則等を定めるとともに、社内規則等に基づいて業務が運営されるための十分な体制を整備しなければならないものとされています。

これは、広義の適合性原則を体制整備義務として具体化した条文であると理解することができます。

②　この体制整備義務の具体化として、監督指針においては、「意向確認書面」等、保険会社等に、契約の申込みを行おうとする保険商品が顧客のニーズに合致した内容であることを顧客が確認する機会を確保し、顧客が保険商品を適切に選択・購入することを可能とするための体制整備が求められています（監督指針Ⅱ－3－5－1－2⒄）。

監督指針においては、「意向確認書面」、すなわち、契約の申込みを行おうとする保険商品が顧客のニーズに合致しているものかどうかを、顧客が契約締結前に最終的に確認する機会を確保するために、顧客のニーズに関して情報を収集し、保険商品が顧客のニーズに合致することを確認する書面、を作成し、顧客に交付するとともに、保険会社において保存することが要請されています（その趣旨は、保険会社等において意向確認書面が保存されることにより、購入の経緯を事後的に確認することが可能になり、事後に生じうる問題等を未然に防止したり、また円滑な問題解決に資することにある）。

イ　「意向確認書面」の記載事項

「意向確認書面」の記載事項は以下のとおりとされています。
 a 顧客のニーズに関する情報
  当該保険商品が顧客のニーズに合致した内容であることを確認するために、最低限必要と考えられる顧客のニーズに関する以下の情報を収集のうえ、記載するものとされている。
・どのような分野の保障(補償)を望んでいるか
・貯蓄部分を必要としているか
・保障(補償)期間、保険料、保険金額に関する範囲の希望、優先する事項がある場合にはその旨
 b 当該保険商品が顧客のニーズに合致すると考えた主な理由(これについては、顧客が契約の申込みを行おうとする保険商品が顧客のニーズに合致するものかどうかを確認するうえで、実効的な内容とされる必要がある)
 c その他顧客のニーズに関して特に記載すべき事項(具体的には、特記事項欄を設け、特に顧客から強く希望するニーズがあった場合のニーズに関する情報、等を記載するものとされている)
 d 募集人等の氏名・名称

募集人等には、「意向確認書面」を作成するために必要となる顧客のニーズに関する情報の収集にできる限り努めることが求められるとともに、その確認・交付時期について、保険契約を締結するまでに確認を行い、その「意向確認書面」を、確認後遅滞なく交付することが求められています。

意向確認書面の記載内容のうち、特に顧客のニーズに関する情報については、顧客に対して事実に反する記載がないか確認するとともに、顧客から当該部分の記載の修正を求められた場合には、速やかに対応を行うことが求められています。
 ロ 「意向確認書面」の適用範囲
「意向確認書面」の適用範囲としては、以下のいずれにも該当する場合に適用するものとされてます。

a　特に顧客のニーズを確認する必要性が高いと考えられる保険商品
・投資性商品（変額年金保険、外貨建保険等）
・第1分野の保険商品（生命保険）および第3分野の保険商品（傷害保険・医療保険等）（ただし、身体告知をともなわない、海外旅行傷害保険や保険期間が1年以下の傷害保険はその適用範囲から除かれている）
　b　募集人等が保険商品の販売・勧誘を行うに際し、募集人等と顧客が共同のうえ、相互に顧客のニーズに関する情報の交換をする募集形態

　そして、「意向確認書面」の適用範囲ではない場合にも、契約の申込みを行おうとする保険商品が顧客のニーズに合致しているものかどうかを、顧客が契約締結前に確認する機会を確保するために、社内規則等を適切に定め、それに基づいて業務が運営されるための十分な体制を保険会社が整備することが求められています。

　その他にも、①顧客が保険契約の内容等について、理解していないまたは誤解していることが明らかである場合には、よりわかりやすい説明および誤解の解消に努めること、および②募集人が取り扱うことができる保険会社の範囲や、告知受領権の有無について説明を行うことが、それぞれ求められています。

〔錦野裕宗〕

Question 14

銀行等が保険商品を販売する場合、特別なルールはあるのでしょうか。

Answer

銀行等が保険商品を販売する場合、非公開情報保護措置、保険募集に関する指針の策定・公表・実施のため必要な措置等の弊害防止措置や、優越的地位を不当に利用した保険募集の禁止、一定の説明義務等の禁止行為の遵守が求められることとなります。

解説

1 総論

銀行等は、預金業務・融資業務等を通じて顧客の資金状況を正確に把握でき、かつ融資先の顧客に対して強い影響力を与えうる立場にあり、銀行等の影響力を行使した販売勧誘により顧客保護上問題が生じうることが指摘されてきました。よって、保険業法においては、銀行等による情報や影響の不適切な利用・行使を防止するために、特有の弊害防止措置、禁止行為が規定されることとなっています。以下では、そのうち主なルールの概要について説明することとします。

2 弊害防止措置

(1) 非公開情報保護措置

非公開金融情報（役員または使用人が職務上知り得た顧客の預金、為替取引または資金の借入れに関する情報その他の顧客の金融取引または資産に関する公表されていない情報）について、事前に書面その他の適切な方法により当該顧客の同意を得ることなく保険募集に係る業務に利用されないことを確保するための措置（非公開金融情報保護措置）が求められています（保険業法施行規則212条2項1号・212条の2第2項1号）。

また、非公開保険情報（役員または使用人が職務上知り得た顧客の生活、身体または財産その他の事項に関する公表されていない情報で保険募集のために必要なもの）について、事前に書面その他の適切な方法により当該顧客の同意を得ることなく資金の貸付けその他の保険募集に係る業務以外の業務に利用されないことを確保するための措置が求められています（同規則212条2項1号・212条の2第2項1号）。

(2) **保険募集に関する指針の策定・公表・実施のため必要な措置**

　保険商品の販売にあたっては、以下の事項を含む内容の保険募集に関する指針を策定・公表し、その実施のため必要な措置を行うことが求められています（保険業法施行規則212条2項2号・212条の2第2項2号）。

① 引受保険会社の商号・名称の明示
② 保険契約を引き受け、保険金等の支払をするのは当該保険会社であること等
③ 取扱保険契約が複数ある場合には適切に提示する等、顧客が自主的な判断を行うための必要情報の提供
④ 銀行等が保険募集に関し、顧客に損害を与えた場合には、保険募集代理店としての販売責任があることの明示
⑤ 銀行等における苦情・相談の受付先を明示し、かつ苦情・相談に適切に対応する等、契約締結後においても必要に応じて適切な顧客対応を行うこと
⑥ これらに係る保険募集時の説明や苦情相談に係る顧客対応につき、顧客との面談内容等を記録・保存すること

(3) **法令等遵守責任者（統括責任者を含む）の設置**

　保険募集に係る法令等（法令、法令に基づく行政官庁の処分、当該銀行等の内部規則その他これらに準ずるもの）の遵守を確保する業務に係る責任者を保険募集に係る業務を行う営業所または事務所ごとに、当該責任者を指揮し保険募集に係る法令等の遵守を確保する業務を統括管理する統括責任者を本店または主たる事務所に、それぞれ配置していることが求められています（保険業法施行規則212条2項3号・212条の2第2項3号、監督指針Ⅱ－

3-3-9-3)。

(4) 融資先に対する保険募集の制限

平成17年12月以降に解禁された商品の販売勧誘のみに係る弊害防止措置です。

銀行等が、以下の銀行等保険募集制限先に対し、手数料を得て、保険募集を行わないことを確保するための措置を講じることが求められています（保険業法施行規則212条3項1号・212条の2第3項1号）。

① 法人・代表者に事業資金を貸し付けている場合……当該法人およびその代表者
② 個人に対し事業資金を貸し付けている場合……当該個人
③ 小規模事業者（常時使用従業員数50人以下）の個人、法人・代表者に対して事業資金を貸し付けている場合……常時使用する従業員、役員

加えて、銀行等が、顧客が銀行等生命保険募集制限先に該当するかどうかを確認する業務等を的確に遂行するための措置を講じることが求められています（同規則212条3項2号・212条の2第3項2号）。

(5) 担当者の分離措置

これも、平成17年12月以降に解禁された商品の販売勧誘のみに係る弊害防止措置ですが、銀行等に対し、使用人のうち事業資金の貸付けに関して顧客と応接する業務を行う者が、保険募集を行わないことを確保するための措置を講じることが求められています。

3 禁止行為

(1) 優越的地位を不当に利用した保険募集の禁止

銀行等が行う信用供与の条件として保険募集をする行為等の当該銀行等の取引上の優越的な地位を不当に利用して保険募集をする行為が、禁止されています（保険業法施行規則234条1項7号）。

(2) 説明義務

銀行等が、あらかじめ、顧客に対し、保険契約の締結の代理または媒介に係る取引が、銀行等の顧客に関する業務に影響を与えない旨の説明を書

面交付により行うことを義務づけています（同規則234条1項8号）。

　加えて、銀行等が融資先への保険募集規制の対象となる保険契約の締結の代理または媒介を行う場合に、顧客に対しあらかじめ、銀行等保険募集制限先に該当するかどうかを確認する業務に関する説明を書面交付により行うことを義務づけています（同規則234条1項9号）。

　また、銀行等が住宅ローン関連の信用生命保険契約の締結の代理または媒介を行うに際し、保険契約者が当該信用生命保険契約の担保する住宅ローンの返済に困窮した場合の当該銀行等およびその他の相談窓口に関する説明を書面交付により行うことを義務づけています（同規則234条1項11号）。

　さらに、銀行等が、変額保険等の代理または媒介を行うに際し、保険契約者が信用供与を受けて当該保険契約に基づく保険料に充てる場合は、当該保険契約に基づいて将来受け取ることができる保険金や解約返戻金の額が、資産の運用実績に基づいて変動することにより信用供与を受けた額とその利子の合計額を下回り、これらの返済に困窮するおそれがある旨の説明を書面交付により行うことを義務づけています（同規則234条の27第1項2号）。

(3) タイミング規制

　顧客が当該銀行等に対し資金の貸付けの申込みを行っていることを知りながら、当該顧客またはその密接関係者に対し、融資先保険募集規制の対象となる保険契約の締結の代理または媒介を行う行為が禁止されています（保険業法施行規則234条1項10号）。

〔錦野裕宗〕

Question 15

変額年金保険、外貨建て保険、MVAを利用した保険について、販売勧誘を行う場合、特別なルールがあるのでしょうか。

Answer

変額年金保険、外貨建て保険、MVAを利用した保険等の特定保険契約に係る販売勧誘については、保険業法は、金融商品取引法上の行為規制を準用しており、他の保険商品の販売勧誘に適用されるものとは異なったルールが適用されることとなります。

――――――― 解　説 ―――――――

　保険業法は、変額年金保険や外貨建て保険、MVAを利用した保険等、元本欠損が生ずるおそれがある投資性の強い保険商品を「特定保険契約」と整理し、これに金融商品取引法の行為規制のうち一定のものを準用しています（保険業法300条の2、保険業法施行規則234条の2）（以下、保険業法によって準用される金融商品取引法を、「準用金融商品取引法」という）。

　以下、これらの規制を概観していきます。

1　特定投資家制度

　準用金融商品取引法においては、適正な投資家保護を確保する一方で、一定のプロ（特定投資家）については、行政規制ではなく市場規律に委ねることにより、過剰規制による取引コストを削減し、規制の柔軟化を図る趣旨から、特定投資家制度を導入しています（準用金融商品取引法34条～34条の5・45条）。

　そして、特定投資家については、広告等に関する規制、契約締結前交付書面の交付義務、契約締結時交付書面の交付義務等一定の行為規制の適用を除外するものとしています（準用金融商品取引法45条）。

　金融商品取引法は、①特定投資家以外の者（アマ）に移行できない「純粋プロ」、②選択によりアマに移行可能なプロ、③選択によりプロに移行

可能なアマ、④プロに移行できない「純粋アマ」の４つに顧客を分類のうえ、②および③の移行手続につきそれぞれに異なったルールを適用しています。②においては、移行可能な顧客に対して、契約の種類ごとに移行可能なことを告知する義務があり、③においては、移行可能なことを顧客へ告知することについても適合性原則が適用されることに留意が必要です。

2　広告等の規制

　準用金融商品取引法は、広告その他広告類似行為（郵便、信書便、ファクシミリ装置を用いて送信する方法、電子メールを送信する方法、ビラまたはパンフレットを配布する方法等により多数の者に対して同様の内容で行う情報の提供（保険業法施行規則234条の15））を行う場合には、法令所定の以下事項を表示しなければならないものとしています（準用金融商品取引法37条）。

① 　保険会社等の商号等
② 　特定保険契約に関して顧客が支払うべき手数料、報酬その他の対価に関する事項
③ 　顧客が行う特定保険契約の締結について金利、通貨の価格、金融商品市場における相場その他の指標に係る変動を直接の原因として損失が生ずることとなるおそれがある場合にあっては、当該指標および当該指標に係る変動により損失が生ずるおそれがある旨およびその理由等

　上記事項は法令所定の表示方法で表示する必要があります（準用金融商品取引法37条、保険業法施行令44条の５、保険業法施行規則234条の16〜20）。

3　契約締結前交付書面の交付義務

　準用金融商品取引法37条の３は、保険会社等が、特定保険契約等を締結しようとするときに契約締結前交付書面の交付義務を課しています。その記載事項および記載方法は、準用金融商品取引法37条の３、保険業法施行規則234条の21〜24、および監督指針Ⅱ－3－3－2(3)・2－3－3－6(3)に詳細に規定されています。

従前より保険実務においては、監督指針を受けて、契約締結に先立ち顧客に提供すべき情報を「契約概要」、「注意喚起情報」に分類の上提供することが行われてきたところですが、契約締結前交付書面もこれらの2つに分類のうえ、提供することが求められています。

　これについては、顧客の知識、経験、財産の状況および特定保険契約等を締結する目的に照らして当該顧客に理解されるために必要な方法および程度による説明をすること、すなわち広義の適合性原則を踏まえた説明義務が課されていることに、留意が必要です（準用金融商品取引法38条6号、保険業法施行規則234条の27第1項3号）。

4　契約締結時交付書面の交付義務

　準用金融商品取引法37条の4は、保険会社等が、特定保険契約等が成立したとき等に遅滞なく、契約締結時交付書面を交付することを求めています。その記載事項は、以下のとおりです。

① 当該特定保険契約等を締結する保険会社等、外国保険会社等または保険仲立人の商号、名称または氏名
② 当該特定保険契約の年月日
③ 当該特定保険契約等に係る手数料等に関する事項
④ 顧客の氏名または名称
⑤ 顧客が当該特定保険契約等を締結する保険会社等、外国保険会社等または保険仲立人に連絡する方法
⑥ 特定保険契約にあっては、次に掲げる事項
　イ　被保険者および保険金額を受け取るべき者の商号、名称または氏名（被保険者および保険金額を受け取るべき者の商号、名称または氏名を記載することができない場合にあっては、これらの者の範囲）
　ロ　当該特定保険契約の種類およびその内容
　ハ　保険の目的およびその価額
　ニ　保険金額
　ホ　保険期間の始期および終期

ヘ　保険料およびその支払方法
　⑦　客のために特定保険契約の締結の媒介を行うことを内容とする契約にあっては、当該契約の概要

5　迷惑時間勧誘の禁止

　特定保険契約の締結または解約に関し、個人顧客に迷惑を覚えさせるような時間に電話また訪問により勧誘する行為が禁止されています（準用金融商品取引法38条6、保険業法施行規則234条の27第1項4号）。

6　損失補てん等の禁止

　準用金融商品取引法39条により、保険会社等が損失補てんを行うこと等が禁止されています。
　この点、金融商品取引法上の事故確認の規定は、保険業法においては準用されておりませんので、保険会社は「事故」により生じた損害を顧客に対して賠償する場合には、当該手続は不要となります（金融商品取引法39条3項ただし書・5項）。

7　行為規制としての適合性の原則

　特定保険契約については、行為規制としての適合性の原則が適用されることとなっています（準用金融商品取引法40条1号）。この解説については、Q13をご覧ください。

〔錦野裕宗〕

2 保険契約の成立要件

Question 16

保険契約が成立するにはどのような要件が必要でしょうか。損害保険契約と生命保険契約とに分けて説明してください。

Answer

保険契約は、保険者が一定の事由が生じたことを条件として保険給付をなすことを約し、保険契約者が保険料を支払うことを約する諾成契約です。損害保険契約は、保険契約のうち、保険者が一定の偶然の事故によって生ずることのある損害をてん補することを約するものをいいます（法2条6号）。損害保険契約においては保険の目的は金銭に見積もることができる利益であることが必要ですが、保険給付は金銭の支払に限られず現物給付を定めることも有効であるとされています。

他方、生命保険契約は、保険契約のうち、保険者が人の生存または死亡に関し一定の保険給付を行うことを約するもの（傷害疾病定額保険契約に該当するものを除く）をいいます（法2条8号）。生命保険契約においては、損害保険契約と異なり、生命保険契約の当事者以外の者を被保険者とする死亡保険契約（保険者が被保険者の死亡に関し保険給付を行うことを約する生命保険契約）は、当該被保険者の同意がなければ、その効力を生じないものとされています（法38条）。

―― 解 説 ――

1 総 論

保険法によれば、保険契約とは、保険契約、共済契約その他いかなる名称であるかを問わず、当事者の一方が一定の事由が生じたことを条件として財産上の給付（生命保険契約および傷害疾病定額保険契約にあっては、金銭の支払に限る。以下「保険給付」という）を行うことを約し、相手方がこれに対して当該一定の事由の発生の可能性に応じたものとして保険料（共済

掛金を含む。以下同じ）を支払うことを約する契約をいうとされています（法2条1号）。

つまり、保険契約は、保険者が一定の事由が生じたことを条件として保険給付をなすことを約し、他方、保険契約者がこれに対して保険料を支払うことを約する契約であり、保険者と保険契約者の意思表示のみで成立する諾成契約です（同号）。この保険契約は、保険契約者と保険者という保険契約の当事者以外に、被保険者という者が存在することが他の一般的な契約と異なる大きな特徴といえます。

ここで、被保険者がどのような者を指すのかは、保険契約の種類によって異なってきます。

損害保険契約においては、損害保険契約によりてん補することとされる損害を受ける者を被保険者といい、生命保険契約においては、その者の生存または死亡に関し保険者が保険給付を行うこととなる者を被保険者といい、傷害疾病定額保険契約においては、その者の傷害または疾病（以下「傷害疾病」という）に基づき保険者が保険給付を行うこととなる者を被保険者といいます（法2条4号イ～ハ）。

2 損害保険契約の場合

保険法によれば、損害保険契約とは、保険契約のうち、保険者が一定の偶然の事故によって生ずることのある損害をてん補することを約するものをいうとされています（法2条6号）。この損害保険契約では、損害保険契約の目的（被保険利益）は金銭に見積もることができる利益であることが必要です（法3条）。これは、損害保険契約が損害をてん補するという性質上、被保険利益が損なわれ損害が発生するすることが必要であるからです。被保険利益が存在しない損害保険契約は無効です。

損害保険契約においては、生命保険契約および傷害疾病定額保険契約と異なり、保険給付は金銭の支払に限られていません（法2条1号）。ですから、金銭の支払以外に、修理サービスや同等品の提供（補足説明8頁）などの現物給付なども保険給付として可能ということになります。

また、傷害疾病損害保険契約とは、損害保険契約のうち、保険者が人の傷害疾病によって生ずることのある損害（当該傷害疾病が生じた者が受けるものに限る）をてん補することを約するものをいうとされています（法2条7号）。

　損害保険契約では、保険法において、被保険者が損害保険契約の当事者以外の者であるときは、当該被保険者は、当然に損害保険契約の利益を享受するものと規定されています（法8条）。これは、商法において保険契約者が委任を受けずに他人のために契約を締結した場合においてその旨を保険者に告げないと無効とされていたこと（旧商法648条）と異なります。

　損害保険契約の成立によって、保険契約者は保険者に対して保険料を支払う必要があります。ですから、損害保険契約が無効・取消しとなった場合には、保険者は保険料の返還の義務を負うのが原則ですが、保険契約者または被保険者の詐欺または強迫によって保険契約が取消しされた場合など一定の場合は、保険者に保険料の返還義務はないとされています（法32条）。

　なお、損害保険契約自体は諾成契約ですが、保険者は、損害保険契約を締結したときは、遅滞なく、保険契約者に対し、所定事項を記載した保険証券を交付しなければならないとされています（法6条）。

3　生命保険契約の場合

　保険法によれば、生命保険契約とは、保険契約のうち、保険者が人の生存または死亡に関し一定の保険給付を行うことを約するもの（傷害疾病定額保険契約に該当するものを除く）をいうとされています（法2条8号）。

　生命保険契約も上記1で解説したように保険契約の1つですので、保険者と保険契約者の意思表示のみで成立する諾成契約です（同条1号）。

　もっとも、生命保険契約においては、損害保険契約と異なり、人の生存または死亡に関し保険給付がなされる契約ですので、生命保険契約の当事者以外の者を被保険者とする死亡保険契約（保険者が被保険者の死亡に関し保険給付を行うことを約する生命保険契約）は、当該被保険者の同意がなけ

れば、その効力を生じないものとされています（法38条）。被保険者の同意を要するのは、保険金目的での殺人の誘発などモラルハザードに対する抑止などが理由とされていますので、当該被保険者の同意のない生命保険契約は無効となります。

また、死亡保険契約の被保険者が当該死亡保険契約の当事者以外の者である場合において、①保険契約者または保険金受取人が、保険者に保険給付を行わせることを目的として故意に被保険者を死亡させようとしたり、②被保険者の保険契約者または保険金受取人に対する信頼を損ない、当該生命保険契約の存続を困難とする重大な事由が生じた場合、③保険契約者と被保険者との間の親族関係の終了その他の事情により、被保険者が上記の同意をするにあたって基礎とした事情が著しく変更した場合などの一定の場合には、当該被保険者は、保険契約者に対し、当該死亡保険契約を解除することを請求することができるものとされています（法58条）。この点も損害保険契約と異なっており、生命保険契約の特徴といえます。

以上に対し、保険金受取人が生命保険契約の当事者以外の者であるときは、当該保険金受取人は、当然に当該生命保険契約の利益を享受するとされています（法42条）。この場合にはモラルハザードの抑止等を図る必要がないからです。

生命保険契約の成立によって、保険契約者は保険者に対して保険料を支払う必要があり、保険者は保険給付をする義務を負うことになります。ですから、生命保険契約が無効・取消しとなった場合には、保険者は保険料の返還の義務を負うのが原則ですが、保険契約者または被保険者の詐欺または強迫によって保険契約が取消しとなった場合など一定の場合は、保険者に保険料の返還義務はないとされています（法64条）。

なお、生命保険契約自体は諾成契約ですが、保険者は、生命保険契約を締結したときは、遅滞なく、保険契約者に対し、所定事項を記載した保険証券を交付しなければならないとされています（法40条）。

〔吉田伸哉〕

3　クーリング・オフ

Question 17

保険商品にはクーリング・オフが認められているのでしょうか。また、クーリング・オフができる場合、行使期間や行使方法などの制限はありますか。

Answer

保険契約においても一定の場合にはクーリング・オフが認められます。しかし、①保険期間が１年以下の契約の場合、②保険会社が指定した医師の診査を成立の条件とする保険契約の申込みをした場合において、当該診査が終了した場合、③自賠責保険など法令により加入を義務づけられている保険、④法人契約や事業保険契約など一定の場合には、クーリング・オフは認められません。

また、クーリング・オフの対象となる保険契約の場合でも、申込みの形態や申込みの場所によってはそもそもクーリング・オフが認められない場合もあります。

クーリング・オフの行使については、申込者等が、保険契約のクーリング・オフに関する事項を記載した書面を交付された場合には、その書面交付日と申込日とのいずれか遅い日から起算して８日以内に行う必要があります。

ただ、以上の法律の規制とは異なり、保険会社によってはクーリング・オフの対象となる保険契約を拡張している場合もありますので注意が必要です。

解　説

1　保険契約におけるクーリング・オフ

(1)　クーリング・オフ

クーリング・オフとは、所定の期間内であれば、何らの理由も必要とせ

ず、かつ、無条件に申込みを撤回し、または、契約を解除することができるという制度です。保険契約についても一定の場合には、保険業法309条において、保険契約の申込みをした者または保険契約者（以下「申込者等」という）は、クーリング・オフ（その保険契約の申込みの撤回または解除）ができることとされています。

もっとも、クーリング・オフがそもそも適用されない保険契約もあり、また、クーリング・オフが適用される保険契約であっても一定の場合にはクーリング・オフができなくなりますので注意が必要です。

(2) クーリング・オフの適用除外となる保険契約

保険契約のうち、クーリング・オフの制度がそもそも適用されない主要な場合は、次のとおりです。

① 保険期間が1年以下の契約（保険業法309条1項4号）
② 自賠責保険など法令により加入を義務づけられているもの（同項5号）
③ 事業保険契約、法人契約（同項2号・3号）
④ 保険会社が指定した医師の診査を成立の条件とする保険契約の申込みをした場合において、当該診査が終了した場合（同項6号、保険業法施行令45条5号）
⑤ 保険契約が、勤労者財産形成貯蓄契約、勤労者財産形成年金貯蓄契約または勤労者財産形成住宅貯蓄契約であるとき（保険業法309条1項6号、保険業法施行令45条6号）
⑥ 債務履行の担保のための契約（保険業法309条1項6号、保険業法施行令45条7号）
⑦ 更改（保険金額その他の給付の内容または保険期間の変更に係るものに限る）・更新・既契約の内容変更の場合（保険業法309条1項6号、保険業法施行令45条8号）

もっとも、上記に該当する場合でも、各保険会社によりクーリング・オフの対象としている場合があります。

(3) 申込みの形態や場所により適用除外となるもの

　上記(2)に該当しない保険契約であっても、申込みの形態や申込みの場所によって申込者等の保護に欠けるおそれがないものとされ、クーリング・オフが認められない場合もあります。

　① クーリング・オフが認められない場合（申込みの形態）
　　イ　申込者等が、郵便、ファックス等、保険会社等が設置した機器等を利用する方法によって保険契約の申込みをした場合（保険業法309条1項6号、保険業法施行令45条3号、保険業法施行規則241条）
　　ロ　申込者等が、保険契約に係る保険料等の払込みを振込により保険業者の預金または貯金の口座へ行った場合（当該保険業者等に依頼して行った場合を除く）（保険業法309条1項6号、保険業法施行令45条4号）

　平成19年の改正前には保険業法施行規則241条において、イに預金または貯金の口座に対する払込みによる方法による場合も含まれていましたが、平成19年の保険業法の改正の際にかかる規定は削除され、ロが新設されました。

　② クーリング・オフが認められない場合（申込みの場所）

　クーリング・オフは、申込者等が、自ら指定した場所（保険業者の営業所等および当該申込者等の居宅を除く）において保険契約の申込みをすることを請求し、保険契約を申し込んだ場合（保険業法309条1項6号、保険業法施行令45条2号）や、保険会社等に対し、あらかじめ日を通知してその営業所等を訪問し、かつ、当該通知し、または訪問した際に自己の訪問が保険契約の申込みをするためのものであることを明らかにしたうえで、当該営業所等において当該保険契約の申込みをした場合（保険業法309条1項6号、保険業法施行令45条1号）には適用されないこととなっています。このような場合には、申込者等に保険契約の締結意思が明確に認められるからです。

　もっとも、上記に該当する場合でも、各保険会社によりクーリング・オフの対象としている場合があります。

加えて、保険会社がこれらを理由として、クーリング・オフを認めない取扱いを行う場合には、「特定早期解約」の措置を導入する必要があります。

「特定早期解約」とは、保険契約の解約のうち、当該保険契約の成立の日またはこれに近接する日から起算して10日以上の一定の日数を経過するまでの間に限り、解約により保険契約者に払い戻される返戻金の計算に際して、契約者価額から控除する金額を零とし、および当該保険契約に係る費用として保険料から控除した金額の全額を契約者価額に加算するものをいいます（保険業法施行規則11条3号の2）。

2　クーリング・オフの行使方法

(1)　行使期間

クーリング・オフは、申込者等が、保険契約のクーリング・オフに関する事項を記載した書面を交付された場合には、その書面交付日と申込日とのいずれか遅い日から起算して8日を経過したときは行うことができなくなります（保険業法309条1項1号）。

なお、保険契約の申込みの撤回等に関する事項を記載した書面は、「保険料充当金領収証」などの他の書面と兼ねているケースがあります。なお、保険会社によっては、クーリング・オフの適用期間を延長している場合もあり、留意が必要です。

(2)　行使方法

クーリング・オフは、書面により行う必要があるため、通常は郵送で行われます。この場合、書面の発信時にクーリング・オフの効力が生じることになります（保険業法309条4項）。書面の必要記載事項は、各会社の「注意喚起情報」や「契約のしおり」等で確認することができるのが通常です。

〔吉田伸哉〕

4 告知義務

Question 18

告知義務とは何でしょうか。どのような場合に告知義務が発生するのでしょうか。

Answer

告知義務とは、保険契約者または被保険者になる者が、保険者に対し、保険契約の締結に際して、危険に関する重要な事項のうち保険者が告知を求めたものについて、事実の告知をしなければならないとする義務のことをいいます。

告知義務は、保険契約者または被保険者になる者が、保険者になる者から告知を求められ、それが損害等の発生の可能性に関する重要な事項である場合に発生します。

解 説

1 告知義務の意義

告知義務とは、保険契約者または被保険者になる者が、保険者に対し、保険契約の締結に際して、危険に関する重要な事項のうち保険者が告知を求めたものについて、事実の告知をしなければならないとする義務のことをいいます。

保険者が保険契約を締結する際に当該契約を締結するか否かおよび当該契約の条件を判断するための情報は保険契約者側に偏在しており、保険者としては、当該情報を入手するために保険契約者側からの自発的な告知を受けることが不可欠であることから、告知義務は、法律が特に保険契約者側に課したものであると考えられています（大判大正6・12・14民録23輯2122頁）。

2 告知義務の内容

(1) 告知義務者－保険契約者または被保険者

損害保険に関する商法644条1項では、保険契約者のみが告知義務者であるとされていました。しかし、保険契約者と被保険者が別人である場合、損害等の発生の可能性に関する情報は、被保険者の方がより多く有しているのが通例であることから、立法論としては損害保険の場合においても被保険者も告知義務者とすべきであると考えられていました（山下・前掲286頁）。

そこで、保険法においては、損害保険契約においても、被保険者は告知義務を負うものとされました（法4条）。

(2) 告知の方法－自発的申告義務から質問応答義務へ

告知の方法については、商法では特に規定されておらず、「重要なる事項」であれば保険者に問われるまでもなく告知義務があるとされていました。このことから、商法の告知義務は、自発的申告義務であるといわれていました。

そして、「重要なる事実」とは、当該事実を保険者が認識していれば、保険者は当該保険を引き受けない、あるいは保険料を高くする等、保険契約者側に不利な条件で引き受けるべきであった場合の当該事実が該当するものと解釈されていました。

しかし、保険者が保険を引き受けるか否か等の判断は、保険者の専門的な知識を背景として、自らの（公表していない）引受基準等に照らし行うものであり、当該判断を保険契約者側に行わせることは、能力的にも酷な面があることは否めません。

そこで、保険法においては、保険契約者側は、保険者の質問に対して答弁すれば足りるという質問応答義務へと改正されました（法4条・37条・66条）。

この改正が実務に与える影響について考えます。

端的にいえば、保険会社側の告知書における質問が、より明確かつ理解

しやすいものになる（ならざるをえない）ということです。

　そもそも、告知義務は質問応答義務とされたのですから、質問しているのかどうかわからないような包括的・抽象的な質問は保険会社が質問していないと評価されるおそれがあります。加えて、保険会社が告知義務違反による解除権を行使できるのは、告知者が告知事項について故意・重過失により、告知しなかった場合に限られています（法28条1項・55条1項・84条1項）。包括的・抽象的な質問がなされた場合には、告知者として質問内容すら把握できず、この故意・重過失を問うことが困難となります。

　よって、告知事項が「保険契約者等が告知すべき具体的な内容を明確に理解し告知できるものとなっている」ことは、きわめて重要です（監督指針Ⅱ－3－3－2(10)、Ⅱ－3－3－6(14)）。

(3) 告知事項－損害等の発生の可能性に関する重要な事項

　告知事項については、契約の種類に応じ、損害保険契約の場合は「損害保険契約によりてん補することとされる損害の発生の可能性に関する重要な事項」、生命保険契約の場合は「保険事故の発生の可能性に関する重要な事項」、傷害疾病定額保険契約の場合は「給付事由の発生の可能性に関する重要な事項」と告知事項の定義についてそれぞれ規定されています（法4条・37条・66条）。

　したがって、損害等の発生の可能性に影響を及ぼさない事項や損害等の発生の可能性に影響を及ぼすことはあっても重要とはいえない事項は、告知事項に該当しないことになります。この点、監督指針Ⅳ－1－5には、「保険契約者又は被保険者に求める告知の項目は、保険会社が危険選択を行ううえで必要なものに限定されているか。」との監督上の留意点が示されています。

　なお、保険契約者が他の保険契約に加入していること（他保険契約）が告知事項に該当するかどうかが問題となりますが、この点については、Q23を参照ください。

〔平山浩一郎〕

Question 19

告知義務に違反するとどうなりますか。告知義務違反の効果を教えてください。

Answer

告知義務者が故意または重過失で告知義務に違反すると、保険者は、保険契約を解除することができます。保険契約が解除された場合、当該解除は将来に向かってのみその効力を生じます。

解　説

1　解除の要件

(1)　告知義務者の故意・重過失

保険者が告知義務違反を理由として保険契約を解除するためには、告知義務者が、告知事項について、故意または重過失により事実の告知をせず、または不実の告知をしたことが必要です（法28条1項・55条1項・84条1項）。

この場合の故意とは、ある告知事項に該当する事実について不告知または不実告知がなされた場合において、保険契約者側が、①当該事実が存在すること、②当該事実が告知事項に該当すること、および③当該事実を告知しなければならないことを知っていたことをいい、重過失とは、②および③を知らなかったことにつき重過失があったことをいうとされています。①を知らなかったことにつき重過失があった場合については見解が分かれています（山下友信『保険法』303頁）。これについては、保険契約者の知らない事実は告知義務の対象とはならないと解すべきで、①を重過失で知らなかった場合には告知義務違反は問えないものと考えます。

(2)　保険者の善意無過失等

告知義務者が故意または重過失で告知義務に違反した場合であっても、保険者が、保険契約の締結時に、告知されなかった事実を知っていたか、

または過失によって知らなかったときには、保険者の解除権は阻却されます（法28条2項1号・55条2項1号・84条2項1号）。

(3) 保険媒介者による告知妨害・不告知教唆の不存在

商法では、生命保険に係る営業職員等保険契約締結の媒介者が告知妨害や不告知教唆をした場合であっても、このような者には契約締結権限はなく告知を受領する権限がない等の理由で、一般的には保険者の解除権は阻却されないと考えられていました。しかし、保険契約者等が保険媒介者の言葉を信じて告知義務を履行しなかったような事情がある場合には、保険契約者等の信頼を保護する必要があるといえます（萩本修『一問一答保険法』49頁・50頁）。

そこで、保険法では、保険媒介者による告知妨害や不告知教唆がされた場合には、保険者の解除権が阻却されることとなりました（法28条2項2号・3号、55条2項2号・3号、84条2項2号・3号）。

(4) 保険契約者に対する意思表示

保険者による解除の意思表示は、解除する契約の相手方である保険契約者に対して行う必要があります。保険契約者が死亡し、相続人が複数ある場合には、原則として相続人全員に対して解除の意思表示をする必要がありますが（民法544条）、事前に約款で保険契約者の1人に対してした行為が他の保険契約者に対しても効力を生じると規定されているときは、相続人の1人に対する意思表示で解除の効果が生じることになると考えられます（山下・前掲307頁）。

2 解除の効果

(1) 将 来 効

商法では、告知義務違反による解除の効果を一般的に将来効であるとしつつ（旧商法645条1項・678条2項）、保険事故発生後に解除した場合には、保険給付義務を負わず、すでに支払った保険金の返還を請求できるものとして、例外的に遡及効を認めていました（同法645条2項本文・678条2項）。

保険法においても、保険契約の解除は、将来に向かってのみその効力を生ずるとされています（法31条1項・59条1項・88条1項）が、保険者は、解除前に保険事故が発生した場合について、原則として、損害のてん補または保険給付の責任を負わないものとされています（法31条2項・59条2項・88条2項）。

(2) プロ・ラタ主義の不採用

告知義務違反が故意によるものではない場合に、保険契約締結時に正当な告知が行われていれば保険者が締結したであろう契約内容に従って、保険金額または保険料を遡及的に調整し、当該保険契約の効力を維持しようとする制度を、いわゆるプロ・ラタ主義といい、フランスやドイツではこのような制度が採用されています。

しかし、保険法においては、上記のようなプロ・ラタ主義は採用されず、商法時からのオール・オア・ナッシング主義が維持されました。これは、告知制度がさらに複雑化して保険契約者等にとってわかりにくくなることや、保険契約者等が正当に告知するインセンティブが失われるおそれがあること、当事者の予見可能性の困難さ、因果関係不存在特則の維持により契約者保護に欠けることはないと判断できること等が考慮されたものであると考えられます。

〔平山浩一郎〕

Question 20

いわゆる因果関係不存在特則について教えてください。

Answer

因果関係不存在特則とは、保険事故等と告知されなかった事実との間に因果関係がないときは、保険者は、告知義務違反による解除はできるものの、告知されなかった事実と因果関係のない保険事故等に関する限りでは、損害のてん補または保険給付の責任を免れることができないことをいいます。

―――― 解　説 ――――

1　告知義務違反による解除

　告知義務者が、告知事項について、故意または重過失により事実の告知をせず、または不実の告知をしたときは、保険者は、保険契約を解除することができます（法28条・55条・84条）。

　その場合、保険契約の解除は将来に向かってのみその効力を生じますが（法31条1項・59条1項・88条1項）、保険者は、解除前に保険事故が発生した場合についても、原則として、損害のてん補または保険給付の責任を負わないものとされています（法31条2項・59条2項・88条2項）。

2　因果関係不存在特則

　ただし、告知されなかった事実との間に因果関係がない保険事故等については、保険者は、損害のてん補または保険給付の責任を負うこととなります（法31条2項1号ただし書・59条2項1号ただし書・88条2項1号ただし書）。

　たとえば、告知義務者が重要事実に当たる既往症を告知しないで生命保険契約が成立したが、その後被保険者が既往症と無関係な交通事故により死亡したような場合、保険者は、生命保険契約を解除することができるも

のの、保険給付の責任を免れることができません。

3　因果関係不存在の判断基準

　古い判例は、因果関係不存在といえるためには、事故と不告知の事実との間に全然因果関係のないことを必要とし、もし幾分でもその間の因果関係を窺知しうべき余地が存するのであれば因果関係が不存在とすべきでないとしていました（大判昭和4・12・11法律新聞3090号14頁）。そして、この考え方は、因果関係の存在を緩やかに判断するものであり、戦後の裁判例でも定着しているものと考えられています（山下・前掲317頁・318頁）。

　過去の裁判例において因果関係が存在しないとされた事例としては、梅毒の不告知と脳膜性流行感冒による死亡の事例（東京控判大正11・5・24法律新聞2031号15頁）、胆石症の不告知と急性肝臓炎の経過中の尿毒症による死亡の事例（大阪控判昭和7・3・24法律新聞3401号14頁）があります。

〔平山浩一郎〕

Question 21

保険会社における告知の取扱いについて留意すべき点はありますか。

Answer

告知義務者から正しい告知を受けるように留意すべきです。具体的には、告知義務者に対して告知の重要性等について十分に説明するとともに、告知書の記入例等を提示するなどといった方法が考えられます。

解説

Q19で説明したとおり、告知義務者は、故意または重過失で告知義務に違反すると、保険者から保険契約を解除されることによって保険金の給付を受けることができなくなるおそれがあります。

ただし、告知義務違反は告知義務者側の問題であるとは単純にいい切れない面があります。保険者が告知義務者に対して告知制度の重要性等を十分に説明していないような、保険者側にも問題がある場合も少なくないからです。

告知義務制度は、リスクに関する情報が被保険者側に偏在するなかで、保険会社が当該情報を取得し適切な引受判断(危険選択)を行えるようにするための保険事業の根幹に関わる重要なものです。

正しい告知を受けることは保険会社にとってもきわめて重要なことで、保険会社は、顧客が正しい告知を行えるようにするための環境を整備する努力を怠るべきではありません。

この点、告知義務者からの適切な告知を受けるための指針として、生命保険協会により、「正しい告知を受けるための対応に関するガイドライン」が策定されており、告知の取扱いにあたっては大変参考になります。

1 告知制度の周知について

保険契約者や被保険者には健康状態などについての保険者からの質問に対して告知する義務があります。

そして、保険契約者等から正しい告知を受けるためには、告知の意義・重要性、それを行わなかった場合のデメリット等についてきちんと認識してもらうことが、まずもって肝要といえます。

そこで、保険契約者や被保険者の過去の傷病歴、現在の健康状態、身体の障害状態、職業などについて「告知書」で保険者が質問することについて、告知者本人が事実をありのままに正確にもれなく告知するよう、募集用資料・告知書・告知説明用資料等に記載し、説明することが必要です。

そして、上述のとおり、告知義務の意義や重要性を保険契約者等が理解して告知することは重要であるため、重要事項説明の一環としての「注意喚起情報」の記載事項とされています（監督指針Ⅱ－3－3－2⑵②イ㋒、Ⅱ－3－3－6⑵②イ㋒）。

2　告知の仕方について

一般的に生命保険に係る営業職員等生命保険募集人には契約締結権限はなく、告知受領権限がないのが通常です。しかし、そのような権限の有無は保険契約者側が外形的に認識できるものではなく、生命保険募集人に口頭で告げることによって、告知が完了したと誤認するおそれがあります。

そこで、生命保険募集人には告知受領権限がなく、募集人に口頭で話をしても、告知したことにはならない旨、募集用資料・告知書・告知説明用資料等に明確に記載・説明することが必要です。

それでもなお、保険契約者や被保険者が生命保険募集人に口頭で話をした場合には、告知書に記入してもらうよう要請し、かつ生命保険募集人が保険会社に対し取扱報告書でそのような経緯を報告することを徹底する等の対応が必要となります。

3　傷病歴等の告知について

傷病歴等がある場合には保険をいっさい引き受けてもらえないという誤認により、保険契約者や被保険者が告知をしないおそれがあるとの指摘があります。

そこで、「保険料の割増」「保険金の削減」「特定部位不担保」等の特別な条件を付けて保険を引き受ける場合があることについて募集用資料・告知書・告知説明用資料等に記載し、説明することが必要です。

　また、保険者において保険契約者や被保険者が疾病中の場合でも引受範囲を拡大した商品（いわゆる無選択型、選択緩和型の商品）を取り扱っている場合であれば、そのような商品があることについて募集用資料・告知書・告知説明用資料等に記載し、説明することも有用です。一方で、このような保険は、通常のものより、保険料が割高であったり、一定期間の保障が存在しなかったり、削減されていたりすることがありますので（待機期間、削減期間）、顧客に誤解が生じることのないよう、これらの点についても適切な説明を行うことが重要です。

4　募集時について

　保険商品の販売勧誘時において、販売勧誘を行う者が、たとえば、危険業種に当たる職業の人に、加入制限があることを理由に、加入制限のない他の職種を告知するように勧めたり、診査のときに診査医に傷病歴等の告知をしないように勧めたりするおそれも指摘されます。

　そこで、募集人に対しては、初期段階における教育において、正しい告知を受けるための教育を行うことが必要です。そこでは、告知義務違反を勧める行為を行った場合、保険業法（317条の2第7号・300条1項2号・3号）において、処罰（1年以下の懲役もしくは100万円以下の罰金または併科）の対象となることが定められていることや、契約確認、保険金・給付金確認および告知照会先設定、申込内容等に関する契約確認等によって、告知義務違反を勧める行為を行った事実は必ず明らかとなるものであること、告知時に事実関係を思い出せない顧客に対しては、その場で即座の回答を強要せず、事実関係を確認のうえ適切な告知をしてもらうよう勧めるべきこと等について、教育すべきです。

　また、社内規定等において、告知義務違反を勧める行為を行った募集人を処分できる規定を設け、現に募集人が告知義務違反を勧める行為を行っ

た場合には、厳正に処分されるような運用を行うことも肝要です。

　あわせて、顧客からの告知関係の照会窓口を保険会社に設置し、顧客に周知することや、生命保険募集人に告知内容を知られたくない顧客が適切な告知を行えるよう告知書の封緘提出等の方策を講じること、告知書を複写式として顧客に交付すること等により、その内容を顧客が確認できるようにすること等も有用な方策といえます。

〔平山浩一郎〕

Question 22

保険法上の告知義務違反に基づく解除と、民法上の詐欺取消しや錯誤無効との関係について教えてください。

Answer

1　民法上の詐欺取消規定は、保険法上の告知義務違反に基づく解除と重畳的に適用され、所定の要件を充たせば、保険者は詐欺に基づく取消しを主張することもできることとなります。

2　民法上の錯誤無効規定が、保険法上の告知義務違反に基づく解除と重畳的に適用されるかについては、諸説がありますが、学説上は、適用がないとするのが有力であり、また、適用があったとしても、事実上、保険会社による錯誤による無効主張が認められることは困難であると考えられます。

解　説

1　詐欺取消しの概要

民法96条1項は、詐欺による意思表示はこれを取り消すことができると規定しています。

詐欺による意思表示として、取り消される場合の要件としては、一般的に以下の要件が必要であるといわれています（川島武宜・平井宜雄編『新版注釈民法(3)』471頁以下〔下森定〕）。

① 詐欺者に故意があること
② 違法な欺罔行為があること
③ 表意者が錯誤に陥ったこと
④ ③の錯誤と意思表示の間に因果関係があること

告知義務違反との関係において詐欺取消しを主張しうる場面を考えると、保険契約者または被保険者が、保険者に対し、告知事項について不実の告知を行い（要件②）、これによって、保険者が告知事項の対象となる事

実について、不実の告知がされた事実を真実であると誤信し（要件③）、かかる誤信に基づいて保険契約締結に至った（要件④）ことに加えて、保険契約者または被保険者がこれらの行為を故意に基づいて行ったことが必要となります（要件①）。

詐欺者の故意（要件①）については、二段の故意（相手方を欺罔して錯誤に陥らせようとする故意およびその錯誤によって意思を決定・表示させようとする故意）が必要とされており、告知義務違反との関係においては、保険契約者等が、告知義務違反によって保険者を欺罔して錯誤に陥れ、かつ、かかる錯誤に基づき保険契約承諾の意思表示をさせようとする故意が必要となります。

2　錯誤無効の概要

民法95条は、法律行為の要素に錯誤があった場合には、かかる意思表示を無効とすると規定します。

法律行為の要素に錯誤がある場合とは、典型的には、当該法律行為の重要な部分について、内心の効果意思と表示に不一致があることをいうとされています。

また、内心の効果意思と表示とに不一致はないものの、内心の効果意思が生じる過程に錯誤が生じた場合についてはいわゆる動機の錯誤とされ、通常の錯誤と区別されています。動機の錯誤の典型例としては、ある土地を購入する際に、近いうちに当該土地の近隣に駅が設置され確実に値上がりすると期待して、当該土地を購入したような場合が挙げられます。

このような動機の錯誤については、裁判例、学説上、かかる動機が相手方に表示されているときに、はじめて意思表示の要素の錯誤となり、錯誤無効の対象となりうるとする見解が有力とされています（我妻榮『新訂民法総則』297頁）。

そこで、保険契約において、保険契約者等が、告知事項について、不実の告知を行ったことにより、保険者が錯誤に陥る場合については、これは通常の錯誤となるのか、それとも動機の錯誤にすぎないのかが問題とされ

ることとなります。

　この点、最高裁平成5年7月20日判決（損保企画536号8頁）においては、保険者が錯誤無効の主張を行った事例において、告知義務の対象事実に係る錯誤は、動機の錯誤にすぎず、動機は表示されていないので、要素の錯誤とはいえないと判示しており、動機の錯誤と考えられています（山下友信『保険法』319頁）。

　上記最高裁の判示によると、告知義務の対象事実に係る錯誤を動機の錯誤と扱うのであれば、かかる動機の表示（不実告知事項について真実を知っていれば、保険契約は締結しないという表示）があれば、要素の錯誤となりうるようにも思えますが、これについて、山下・前掲319頁において、「告知事項は告知書で明示されていたはずであるから、それにもかかわらず動機が表示されていないとしていることからみると、告知事項について動機が表示されており要素の錯誤となることは通常ありえないという判断をしているものと推測される」と分析されているように、上記最高裁判示を前提とすると、告知義務違反に基づく錯誤主張は基本的には困難であるものと考えられます。

3　告知義務違反と詐欺取消し・錯誤無効との関係

　このように私法上の一般原則を定めている民法においては、詐欺による取消し、錯誤無効の主張が可能とされていますが、保険契約に関しては、Q19で述べたように告知義務違反を理由とした解除が認められており、両者の規定が重畳的に適用されるのかが問題とされます。

　このような重畳適用が認められると、保険法上の告知義務違反の要件を充たさない場合や、保険法や約款に基づく除斥期間を経過して解除が認められない場合でも、保険者は詐欺取消し、または錯誤無効を主張しうることとなります。

　この点、保険法制定前の商法上の告知義務違反（旧商法644条1項本文・678条1項本文）との関係に関しては、①詐欺、錯誤の民法上の意思表示の瑕疵に関する規定の適用はない、②詐欺については適用があるが、錯誤

については適用はない、③詐欺、錯誤規定いずれも重畳的に適用があるとの学説がみられましたが、保険法32条1号・64条1号・93条1号では、「詐欺又は強迫を理由として意思表示を取り消した場合」は保険会社は保険料を返還する義務は負わないと明文で規定しており、詐欺・強迫による取消しがありうることを前提としています。

　したがって、保険者が、保険契約者または被保険者による告知義務違反を、保険法上の告知義務違反に基づく解除とは別に民法上の詐欺と構成して取消しを主張することは、認められるものと解されます。

　一方、民法上の錯誤無効を主張しうるかについては、いまだ明確ではありませんが、学説上は、錯誤無効の主張を認めると告知義務違反による解除について詳細な要件を定めた法の趣旨が骨抜きにされかねないなどの理由から認められないとする見解が有力とされています（岡田豊基「告知義務」落合誠一・山下典孝編『新しい保険法の理論と実務（別冊金融・商事判例）』83頁、山下・前掲319頁）。

　また、事実上も、上記2で述べたように最高裁が動機の表示をきわめて厳格にとらえていることから、当該主張が認められることは困難であるものと考えられます。

〔加來武宜〕

Question 23

他保険契約の告知義務は、保険法において、どのように取り扱われていますか。

Answer

他保険契約の告知義務については、保険法に明文の規定はありません。他保険契約の告知義務についても、通常の告知義務の制度の枠内で取り扱われています。したがって、保険者が他保険契約の存在について告知を求め、他保険契約の存在が「危険に関する重要な事項」に当たる程度に存在するにもかかわらず、告知しなかったり、不実の内容を告知した（不告知等）場合には、告知義務違反となり、保険者は保険契約を解除することができます。

しかしながら、通常、他保険契約の不告知等と保険事故発生との間に因果関係がないと考えられることから、すでに保険事故が発生している場合には、保険者は保険金を支払わなければなりません（法31条2項1号ただし書・59条2項1号ただし書・88条2項1号ただし書）。ただし、他保険契約が著しく重複し、「保険者との信頼関係を損ない、当該契約を存続し難い重大な事由」に該当する場合には、保険者は、重大事由解除により（法30条・57条・86条）、すでに発生した保険金支払義務を免れることができます。

解　説

1　他保険契約の従来の取扱い

従来、他保険契約（当該保険が対象とする危険と同一の危険を対象とする他の保険契約）の存在が告知義務の対象である重要事実に当たるのかどうかが議論されてきました（山下友信『保険法』320頁～326頁）。

他保険契約の存在は、それ自体客観的に保険事故発生の危険性に影響を及ぼす事項ではありませんが、他保険契約が著しく存在する場合には、故

意による保険事故招致の可能性（モラル・リスク）を示す事項といえます。

　従来、生命保険に関しては、告知義務の対象となる「重要なる事項」（旧商法678条）は、保険事故の発生率の測定に関する事実と解されており、他保険契約の存在自体は「重要なる事項に当たらない」、すなわち告知義務の対象にならないとされていました（大判昭和2・11・2民集6巻593頁）。

　また、実務上、生命保険会社においては、上記判決を受けて他保険契約の存在およびその内容を告知事項としていませんでした。他方、損害保険会社においては、約款により他保険契約の存在およびその内容を告知事項とし、不実の告知や不告知の場合には解除が可能であるとの規定をおいていました。

　このような取扱いの違いは、生命保険会社は、保険契約申込後審査期間中に、社団法人生命保険協会が運営する契約内容登録制度および契約内容照会制度により他保険契約の存在を知ることができるが、損害保険会社は、生命保険会社におけるような登録・照会制度がないこと（ただし、傷害保険契約等一部のものに関しては、社団法人損害保険協会も契約内容登録制度を有する）、また保険事故発生時において損害額以上に保険金を支払わないようにするためには告知を求める必要があるという点にあるといわれてます。

2　保険法での取扱い

(1)　独立の規定を設けるか否かの議論

　保険法の制定過程において、一般の告知義務違反の規律のほかに、「保険契約の締結時に保険者が保険契約者又は被保険者に対して他の保険契約が締結されているかどうか又はその内容を告知するように求めることができ、保険契約者又は被保険者がこれを告知しなかったときは、保険者は一定の要件の下で保険契約の解除をすることができる」旨の独立の規律を定めるかどうか議論がなされました（補足説明18頁）。

　この点、独立の規律を設けるべきとの意見は、多重契約によるリスクを

防止するために告知義務による規律の枠を超えた規律が必要であることを根拠とするものです。

しかしながら、保険契約者等が他の保険契約が締結されていることを把握していないこともあることや、保険契約者等にとって何が「他の保険契約」に当たるかの判断が困難であることなどの理由からかかる独立の規律は設けるべきでないという反対意見が強く、「危険に関する重要な事項」に他保険契約に関する事項が含まれる（「危険」に道徳的危険も含む）と解し、他保険契約に関する事項についても一般の告知義務違反の制度の枠内で取り扱われることになりました。

(2) 具体的な帰結

それでは、他保険契約の告知義務について、一般の告知義務の規定により扱われるとどのような結論が導かれるのでしょうか。

① 告知義務違反解除の要件

告知義務違反による解除が認められるためには、①危険に関する重要な事項のうち保険者が告知を求めたものについて、②故意または重大な過失により、③事実の告知をせず、または不実の告知をしたことが必要です（法28条1項・55条1項・84条1項）。

まず、約款等で他保険契約の存在の告知を求めること自体はこれまでどおり許容されるものと考えられています（なお、片面的強行規定である法4条・37条・66条に抵触しないことについてはＱ29参照）。

そして、他保険契約の存在は、前述のとおり道徳的危険に関係する場合もあるため、「危険に関する重要な事項」に当たりうると考えられます。しかしながら、他保険契約が1つや2つ存在するからといって、故意による保険事故招致の可能性が高まるというわけではないため、それがただちに危険に関する「重要な事項」に当たるというものではありません。

したがって、他保険契約の告知義務違反を問うためには、「危険に関する重要な事項」（法4条・37条・66条）に当たる程度に存在することが必要であり、他保険契約の存在が「危険に関する重要な事項」に当たる場合とは、「当該保険契約の存在を知っていたならば保険者として保険契約を締

結しなかった」といえる場合であると考えられています（佐野誠著「他保険契約の告知・通知義務」落合誠一・山下典孝編『新しい保険法の理論と実務（別冊金融・商事判例）』96頁）。

② 解除の効果

告知義務違反による解除の効力は、解除をしたときから将来に向かって生じるとされ、他方、すでに保険事故が発生している場合の保険者の保険金支払義務は、原則として免除されるとされています。

しかし、その例外として、告知しなかったまたは不実の告知をした事実と保険事故発生との間に因果関係がない場合には、保険者は保険金支払義務を免れないとされています（因果関係不存在特則。法31条2項1号ただし書・59条2項1号ただし書・88条2項1号ただし書）。

他保険契約の告知義務違反を理由とする解除の場合、保険事故が発生していない場合には、保険者は、保険契約を解除することで、今後、保険金を支払う義務を免れることができます。

しかしながら、すでに保険事故が発生している場合には、通常、他保険契約の存在と保険事故との間には因果関係がないため、他保険契約の告知義務違反を理由に保険契約を解除しても、保険者は保険金を支払わなければならないことになります（なお、因果関係不存在特則の規定は片面的強行規定とされているため、因果関係がなくても保険金支払義務が免除される旨の約定は認められない）。

③ 重大事由解除

上記のとおり、告知義務違反解除であれば、すでに保険事故が発生している場合には保険者は保険金支払義務を免れませんが、他保険契約が著しく重複し、「保険者との信頼関係を損ない、当該契約を存続しがたい重大な事由がある場合」には、保険者は保険契約を解除し、保険金支払義務を免れることができます（重大事由解除。法30条・57条・86条）。

〔松本久美子〕

Question 24

契約前発病不担保条項とは何でしょうか。告知義務とは違うものでしょうか。また、このような保険契約について販売勧誘を行う際、あるいは保険金等の支払を行う際の留意点を教えてください。

Answer

契約前発病不担保条項とは、「保険期間開始後に発病した疾病であること」を保険事故の要件としている約定のことをいいます。告知義務は、保険契約者および被保険者の義務違反の責任を問題とする制度ですが、契約前発病不担保条項は、保険事故の予定発生率を維持するための客観的な要件を定めたものという違いがあり、要件や証明責任等にも違いがあります。

このような保険契約について販売勧誘を行う際には、十分な説明を行い、契約前発病として保険金が支払われない場合について理解してもらうことが重要であり、契約前発病であるとして保険金等の支払を拒絶する際にも十分な説明を行うことが重要です。

解 説
---

1 契約前発病不担保条項

疾病保険においては、保険期間開始後に発病した疾病により治療や入院、手術を受けたこと、障害状態となったこと等を保険事故とする旨約款で定めていることが通例です。この「保険期間開始後に発病した疾病であること」を保険事故の要件としている約定のことを、契約前発病不担保条項といいます（責任開始前発病不担保条項（特約）、始期前発病不担保条項（特約）と呼ばれることもある）。

たとえば、保険契約締結前にベーチェット病と診断されていた者が、保険会社との間で失明等が保険事故とされている高度障害保険契約を締結し、その後失明に至った場合、契約前発病不担保条項によると、失明とい

う保険事故が保険期間開始後に起こっていたとしても、その原因となった疾病が保険契約締結前（保険期間開始前）に生じているため、保険金は支払われないということになります。

2　趣　旨

　保険者は、保険契約後、どの程度の率で発病し、保険事故を生じるかを調査し、それをもとに保険料率等を定めています。保険契約時にすでに発病している場合についても保険事故として保険金を支払うとすると、かかる計算が妥当しなくなってしまいます。そこで、疾病保険において保険事故の予定発生率を維持する目的で、契約前発病不担保条項が定められています。かかる条項は、契約前から疾病にかかっており、それに気づいた後に保険に加入するというモラルハザードの防止にも役立っています（山下友信『保険法』457頁）。

3　告知義務違反との違い

　告知義務の制度は、保険事故の発生率を維持し、またモラルハザードを防止するための制度である点で、契約前発病不担保条項の趣旨と一致します。
　しかしながら、告知義務の制度は、告知すべきであったのに告知しなかったという、保険契約者および被保険者の義務違反の責任を問題とする制度ですが、契約前発病不担保条項は、保険事故の予定発生率を維持するための客観的な要件を定めたものであるという違いから、以下の点で異なります。

　①　保険契約者側の主観的要素の有無

　告知義務違反は、告知すべきであったのに告知しなかったという、保険契約者および被保険者の義務違反の責任を問題とするため、保険契約者または被保険者の故意または重過失という主観的要件が要求されています（法28条1項・55条1項・84条1項）。
　他方、契約前発病不担保条項は、保険契約者の故意または重過失は要件

となっていません。

② 保険者の主観的要素の有無

告知義務違反を問うためには、保険者は、告知義務違反に係る事実について知らなかったことが要件となっています（法28条2項1号・55条2項1号・84条2項1号）。

他方、契約前発病不担保条項では、保険者の知不知は問われず、保険者が当該疾病について知っていても、当該疾病に基づき治療等が行われたとして保険金の請求があった場合には、契約前発病として保険金の支払を拒絶することができます。

③ 証明責任の所在

告知義務違反の事実は、保険金の支払を拒む保険者側が立証すべき抗弁事由ですが、契約前発病不担保条項は、保険期間開始前の疾病でないことが保険事故の要件となるため、保険事故があったことを立証すべき保険金請求者側が、契約後の疾病であることを立証しなければなりません。

④ 違反の効果

告知義務違反の場合には、保険者は保険契約を解除することができます。

他方、契約前発病不担保条項の場合には、保険契約は継続されますが、契約前に発病していた疾病を原因とする保険事故についてのみ保険金が支払われないということになります。

⑤ 期間制限

告知義務違反の主張は、契約締結後5年以内にする必要があります（法28条4項・55条4項・84条4項）。

他方、契約前発病不担保条項の場合には、そのような期間制限はありません。

4 契約前発病不担保条項の保険法下での取扱い

告知義務違反と契約前発病不担保条項との間には、以上のような違いがありますが、両者は同様の趣旨に基づくものであり、保険契約者や被保険

者は両者の違いを十分に理解できていない場合が多くあります。また、そもそも、契約前発病不担保条項の帰結として、契約前発病にまったく気づかずに保険契約を締結した場合にも保険金の支払が受けられないとすることや、保険募集人等が当該疾病の存在を知っているにもかかわらず、発病が保険期間開始前であったことを理由に保険給付を否定すること自体が、保険契約者の期待を害し問題だとする指摘もなされていました（山下・前掲458頁）。

審議会においても、契約前発病不担保条項について、保険法において告知義務の制度に一本化すべきだとの意見や保険募集時の説明義務の問題としてとらえ、業法で規制すべきだとの意見がありました（補足説明99頁〜101頁）。

しかしながら、契約前発病不担保条項は、保険事故をどのように定めるのかという問題であり、法律で規制することは適切ではないとのことで、保険法においても、明文で規定することなく、従来どおりの取扱いがなされることになりました（保険法部会資料20・12頁〜13頁、同資料25・13頁〜14頁）。

5 実務での取扱い

とはいえ、上記のような問題があることを踏まえ、生命保険会社の疾病保険の実務においてはガイドラインを制定して自主的に規制を行っています（生命保険協会「保険金等の支払を適切に行うための対応に関するガイドライン」Ⅱの6(2)ロ）。

具体的には、保険者に対し、ご契約のしおり・ホームページ等で契約前発病のために保険金が支払われない場合の具体例を示す等、わかりやすい説明・解説を求めています。

かかる業界の自主ガイドラインに則った取扱いがなされることは監督指針上も求められています（監督指針Ⅱ－3－5－2(1)）。

6　募集時・保険金支払時における注意事項

　契約前発病不担保条項が存在する保険の募集の際には、上記ガイドライン等に則り、①責任期間の開始時期、②契約前発病不担保条項の意味、③告知義務制度との違い（告知していても保険金が支払われない場合があること等）を十分に説明し、契約前発病不担保条項によりどのような場合に保険金が支払われないのかを事例等を用いて説明し、理解してもらうことが重要です。

　契約前発病不担保条項により保険金の支払を拒絶する場合にも、同様の説明を行い、理解してもらうことが必要です。

〔松本久美子〕

5　被保険者の同意

Question 25

第三者を被保険者とする生命保険契約において、被保険者の同意が必要なのはどのような場合でしょうか。
【事例】Aの子Bは、C保険会社との間で、Aを被保険者兼保険金受取人とし、Aの死亡を保険事故とする生命保険契約を締結しました。Aは、このような契約の締結について一切知りませんでした。この場合、生命保険契約は有効でしょうか。

Answer

第三者を被保険者とする生命保険契約のうち、保険者が被保険者の死亡に関し保険給付を行うことを約する生命保険契約（死亡保険契約）については、被保険者の同意が効力発生要件となっているため、被保険者の同意が必要です（法38条）。事例の生命保険契約については、死亡保険契約であり、Aの同意がないため有効ではありません。

――――解　説――――

1　従来の取扱い

　第三者を被保険者とする生命保険契約について、商法は、被保険者の死亡により保険金の支払をなすべきことを定める保険契約（死亡保険契約）には被保険者の同意を必要としていました（旧商法674条1項本文）。

　このように第三者を被保険者とする死亡保険契約において、被保険者の同意を必要とした趣旨は、保険の賭博化の防止や道徳的危険のある契約を防止する点、および自らの命に他人が勝手に保険をかけるのはおかしいといった被保険者の自己決定権に求められます。

　そして、商法は、被保険者と保険金受取人が同一のときは被保険者の同意を不要としていました（旧商法674条1項但書）。これは、被保険者と保険金受取人が同一であれば、上記の趣旨が妥当しないためと考えられてい

ます。しかしながら、被保険者と保険金受取人が同一であるときでも、死亡保険の場合には被保険者の相続人という他人が保険金を受け取ることになりますので、やはり保険の賭博化の防止や道徳的危険ある契約の防止という被保険者の同意を要求した趣旨が妥当します。したがって、かかる規定は合理的理由がないとして批判されていました。

2 保険法での定め

そこで、保険法では、第三者を被保険者とする生命保険契約について、死亡保険契約については被保険者の同意が常に必要とされ（法38条）、被保険者と保険金受取人が同一であっても旧商法674条1項但書のような例外を定めませんでした。

したがって、事例の場合には、被保険者と保険金受取人が同一ですが、被保険者であるAの同意は必要であり、以下のとおり、この同意は保険契約の効力要件ですので、Aの同意がない以上、その保険契約は有効ではありません。

3 同意の性質

商法においては、同意が保険契約の成立要件なのか、効力要件であるのかはあいまいでしたが、保険法においては、保険契約の効力要件と明示されました（法38条）。

かかる被保険者の同意は、保険契約の成立に向けられた意思表示ではなく、自己の死亡にかかる生命保険契約が締結されることに対する意思の表明（準法律行為）であると解されています（山下友信『保険法』269頁）。

かかる意思の表明の相手方（同意の相手方）については、保険法でも明文では規定されていませんが、商法下と同様、保険者でも保険契約者でもどちらでもよいと解されています（山下・前掲269頁、江頭憲治郎「他人の生命の保険契約」ジュリスト764号63頁、田口城「他人の生命の保険」落合誠一・山下典孝編『新しい保険法の理論と実務（別冊金融・商事判例）』104頁）。

4　同意の時期

　被保険者の同意がないまま成立した保険契約は不安定なものであるため、被保険者の同意は、原則として、保険契約成立時に存在すべきものですが、保険契約の成立要件ではなく、保険法にも取得時期の定めがないため、事後的な同意であっても、当該生命保険契約は有効となるものと解されます。

5　同意の撤回の可否

　旧商法下において、同意の撤回の可否は解釈上の論点の1つであり、通説は、同意の撤回はできないと解していました（山下・前掲271頁）。
　この点、保険法においては、被保険者による解除請求の制度（被保険者が、保険契約者や保険金受取人との人的関係から同意をしたにもかかわらず、その人的関係に変化が生じた場合や、保険金受取人が被保険者を殺害しようとした場合などにおいて、被保険者が保険契約者に対して保険契約を解除するよう請求できる制度）を設けている以上（法58条1項）、かかる制度とは別に被保険者の同意の撤回を認めることはできないと解されています（萩本修「新保険法－立案者の立場から－」生命保険論集165号9頁）。

6　同意の方式

　審議会においては、被保険者の同意は書面で行うことを要すると規定すべきではないかとの議論がなされました（補足説明69頁）。しかしながら、意思表示の書面性を法律上要求するのは、通常その意思表示をした者を保護するためなのですが、被保険者の同意に書面性を要求しても被保険者の保護には必ずしもつながらないこと、被保険者の同意する意思が明らかである場合、書面でないという理由で無効となるのはかえって不合理であることなどから、契約法において書面性を常に要求するのは適切でないと考えられたため（保険法部会資料19・4頁）、被保険者の同意の方式について、保険法に規定は設けられていません。

もっとも、保険者がどのようにして被保険者の同意を確認するのかは監督法上の規律がなされており、保険業法施行規則11条2号は、事業方法書等の審査基準として、「同意の方式が被保険者の書面により同意する方法その他これに準じた方式であり、かつ、当該同意の方式が明確に定められていること」を要求しています。

　また、監督指針では、事業保険、全員加入団体保険に係る被保険者からの同意の取得にあたっては、保険者から契約の内容を記載した書面を被保険者に交付する等、保険者が被保険者に保険金受取人、保険金額等の保険契約の内容を確実に認識できるような措置を講じることが求められます（監督指針Ⅱ－3－3－4、Ⅱ－3－3－7）。

7　未成年者の同意

　被保険者の同意は準法律行為であるため、民法の意思表示の規定も準用されます。したがって、被保険者が未成年者である場合、被保険者の法定代理人（親権者等）が代理により同意をすることができます。

　ところで、未成年者に対して、死亡保険をかける必要性は必ずしも高くないと考えられることや、近年、自己の子を被保険者とする死亡保険契約を締結し、その子を殺害する事案などが起こり、モラルリスクが高いことが指摘されているなどの事情により、第三者を被保険者とする死亡保険契約で、未成年者が被保険者である場合には、その保険金額を制限するなどの規制をすべきではないかという議論が審議会においてなされていました（保険法部会第18回議事録23頁～26頁）。

　しかしながら、さまざまなニーズがある死亡保険契約において、契約法において一律に規制するのは行き過ぎた規制であり、モラルリスク防止の観点からの規制は、保険会社の自主的規制に委ね、金融庁はその自主的な規制を監督することとされました（保険法部会資料9・5頁）。

　具体的には、保険業界において、自主規則として、他社の契約も通算して原則として死亡保険金の限度額を1,000万円とすることとし（保険の基本問題に関するワーキング・グループ第45回資料45－1）、「未成年者を被保険者

とする生命保険契約の適切な申込・引受に関するガイドライン」（生命保険協会）、「傷害保険等のモラルリスク防止に係るガイドライン」（日本損害保険協会）といった、保険契約の不正利用防止のためのガイドラインを制定しています。

　そして、保険業法施行規則53条の7第2項は、15歳未満の未成年者を被保険者とする死亡保険については、社内規則等において不正な利用を防止することにより被保険者を保護するための保険金の限度額その他、引受けに関する定めを設けることとし、これを受けて金融庁は、監督指針Ⅱ－3－5－1－2(14)において、社内規則等の内容やその社内規則等の適切な運営のための体制整備について規定し、保険会社を監督しています。

〔松本久美子〕

Question 26

傷害疾病定額保険における被保険者の同意について教えてください。

Answer

保険契約者以外の第三者を被保険者とする傷害疾病定額保険は原則として被保険者の同意がなければ、保険契約は効力を生じないとされています。ただし、第三者を被保険者とする傷害疾病定額保険のうち、給付事由が傷害疾病による死亡のみでなく、かつ、被保険者（被保険者の死亡に関する保険給付が予定されている場合にあっては、被保険者またはその相続人）が保険金受取人である場合には、被保険者の同意は不要とされています。

―― 解　説 ――

1　原　則

　保険法では、保険契約者以外の第三者を被保険者とする傷害疾病定額保険は原則として被保険者の同意がなければ、保険契約は効力を生じないとされています（法67条1項本文）。

　このように、第三者を被保険者とする傷害疾病定額保険で原則として被保険者の同意が必要とされたのは、他人を被保険者とする以上、生命保険契約と同じく、保険の賭博化の危険や道徳的危険のある契約がなされるおそれがあるためです。

2　例外①

　しかし、傷害疾病定額保険は、基本的には被保険者が生存している間に一定額の保険金が支払われることから、被保険者が保険金受取人と同一人物であれば、保険の賭博化の危険や道徳的危険は特に考慮する必要がないため、被保険者の同意は不要とされています（法67条1項ただし書）。

　そして、被保険者の死亡に関する保険給付が予定されている場合（給付

事由が傷害疾病による死亡のみの場合を除く）は、被保険者またはその相続人が保険金受取人であれば、被保険者の同意は不要とされています（法67条1項ただし書かっこ内）。

　この点、保険金受取人を被保険者の相続人とすることはもとより、保険金受取人を被保険者とする場合でも、被保険者の死亡による保険給付が予定されている以上、被保険者死亡の場合には相続人が保険金を受け取ることになるため、保険の賭博化の危険や道徳的危険は存在します。

　にもかかわらず、この場合に被保険者の同意が不要とされたのは、企業が保険契約者となり従業員を加入者とする任意加入型の団体保険として家族傷害保険契約が利用されていることが多く、福利厚生としての意味がある、あるいは、海外・国内傷害保険契約など出発直前に空港のカウンターにおいて家族を被保険者としたり、家族が他の家族を被保険者とする契約を締結したりする場合などの保険契約者の利便性について考慮すると、このような場合に、常に被保険者の同意を必要とする必要はない等の理由によるものです（補足説明72頁参照）。

3　例外②（例外の例外）

　被保険者と保険金受取人が同じであっても、給付事由が傷害疾病による死亡のみの場合には、常に被保険者の相続人が受け取ることが予定されているので、やはり保険の賭博化の危険や道徳的危険は否定できません。

　そのため、給付事由が傷害疾病による死亡のみの場合には、被保険者の同意が必ず必要とされています（法67条2項）。

4　その他

　同意の時期、同意の撤回の可否、同意の方式、未成年者の同意については、Q25を参照ください。

〔松本久美子〕

6　遡及保険

Question 27

どのようなものが遡及保険に該当しますか。またその有効性の判断基準について教えてください。

Answer

遡及保険とは保険期間の開始の時期を保険契約の締結前にさかのぼらせる保険契約をいい、以下の場合には責任を遡及させる旨の約定は無効とされています（法5条・39条・68条）。

① 保険契約を締結する前に発生した保険事故に関し損害のてん補または保険給付を行う旨の定めは、保険契約者の保険契約申込時またはその承諾時において、保険契約者側（損害保険契約の場合は保険契約者または被保険者、死亡保険契約の場合は保険契約者または保険金受取人、傷害疾病定額保険の場合は、保険契約者、被保険者または保険金受取人）がすでに保険事故または給付事由が発生していることを知っていたときは、無効となります。

② 保険契約の申込の時より前に発生した保険事故に関し損害のてん補または保険給付を行う旨の定めは、保険者または保険契約者の保険契約申込時において、保険者が保険事故または給付事由が発生しないことを知っていたときは、無効となります。

また、②について保険契約者側に不利な特約は無効とされています（片面的強行規定）（法7条・41条・70条）。

――― 解　説 ―――

1　旧商法下での遡及保険

遡及保険とは保険期間の開始の時期を保険契約の締結前にさかのぼらせる保険契約をいいますが、たとえば、運送品の発送後であっても、かかる運送品について保険契約を締結し、発送段階から、運送品を保険で保護す

るというニーズが存在したことから、生じた保険契約です。

この点、保険事故は偶然の事故でなければならず、契約成立時にすでに発生している事実、または不発生が確定している事実を保険事故とする保険契約は成立する余地がなく、また契約成立後なんらかの事情により保険事故の不発生が確定したときは、契約は消滅することが原則です。それ故、他国の法律では、当事者の知・不知を問わず、客観的に事故の発生またはその不発生が確定しているときは、契約を無効とする例もあります（西島梅治『保険法』63頁・66頁）。

しかし、かかる遡及保険は、
① 保険契約者側が保険事故発生が確定していることを認識している状態で遡及保険契約の締結がなされた場合に、保険者に保険金の支払を強いること
② 保険者側が保険事故不発生が確定していることを認識している状態で遡及保険契約の締結がなされた場合に、保険契約者に保険料の支払いを強いること

が不合理なのであり、一律に無効とする必要はありません。

そこで、遡及保険について、旧商法は一律に無効とするのではなく、その効力を当事者の知・不知にかからしめ、「保険契約ノ当時当事者ノ一方又ハ被保険者カ事故ノ生セサルヘキコト又ハ既ニ生シタルコトヲ知レルトキハ其契約ハ無効トス」とされていました（旧商法642条・683条1項）。

2　保険法下での無効事由の限定

ところが、旧商法の規定では、保険者が保険事故発生を知っていた場合や保険契約者側が保険事故不発生を知っていた場合にも、保険契約は無効となります。これらの場合、自ら不利益となることを知って契約を締結しているのであるから、保険金、保険料の支払は不合理とはいえないため、不合理な保険金、保険料の支払を防ぐという趣旨からすれば、旧商法642条・683条1項は無効とする範囲が広すぎると考えられていました。

そこで、保険法では、①保険事故発生については保険契約者側が知って

いたとき、②保険事故不発生については保険者が知っていたときに、責任を遡及させる旨の定めが無効となるとされました（法5条・39条・68条）。

3　責任遡及条項との関係

　責任遡及条項とは、保険者が保険契約の成立前に第1回目の保険料相当額を受領した時または告知の時いずれか遅い時から保険者が責任を負う条項をいいます。かかる責任遡及条項は、保険契約の申込みがあり、保険料の支払がなされた以上、承諾（保険契約の成立）前であっても保険者の責任を認める必要性があることから、生命保険契約の実務で広く用いられてきました。

　この点、前述のように、遡及保険の無効事由を限定しても、旧商法のように保険事故発生、不発生の認識の時期を一律に保険契約締結時とすると、保険者が、保険契約者からの申込みを受け、第1回目の保険料相当額を受領した後に、保険事故の不発生が確定した場合、その後に保険者が保険契約を承諾しても、保険者が保険事故の不発生を認識していれば、保険契約が無効となり、保険者には保険料の返還義務が生じます。

　しかし、第1回目の保険料相当額を保険者が受領していれば、責任補遡及条項に基づき、保険者はすでに責任を負担しているため、保険契約を無効として保険者が保険料を返還することは不合理です。

　そこで、保険法のもとでは、遡及保険の規律の対象を「保険契約の申込みの時より前に発生した保険事故について保険給付を行う旨の定め」に限定し、保険者の保険事故不発生の認識の判断時点は、保険者または保険契約者の保険契約の申込時とするとされました（法5条2項・39条2項・68条2項）。責任遡及条項は、保険契約の成立時に保険者が保険事故不発生を知っていても保険法の遡及保険や規律により無効とはならないことが明らかになっています。

　なお、保険契約者側の保険事故発生の認識の判断時期は、保険契約者の申込時または承諾時とされています（法5条1項・39条1項・68条1項）。

4　ま と め

　以上の経緯のもと、従前の旧商法642条・683条1項の趣旨を全うしながら、上記の各問題も解消すべく、法5条・39条・68条が設けられ、①保険事故発生について、保険契約者側が、保険契約者の申込または承諾時に知っていた場合、および②保険事故不発生について、保険者が、保険者または保険契約者の申込時に保険事故不発生を知っていた場合には、責任開始期間を契約締結時より前に遡らせる旨の約定が無効となります。

〔古川純平〕

7 契約締結時の書面交付

Question 28

保険証券とは、どのようなもので、どのような事項が記載されているのでしょうか。

Answer

1 保険証券とは、保険契約者と保険者(保険会社)との間の保険契約の内容を記載した書面のことをいいます。保険法では、保険契約者の請求を待つことなく、保険者(保険会社)は、保険契約の締結後遅滞なく、保険契約者に対し所定の事項を記載した書面を交付しなければならないとされました(法6条1項・40条1項・69条1項)。

2 保険証券には、保険契約の基本的内容を記載すべきものとされ、保険法においては、損害保険、生命保険および傷害疾病定額保険について、その記載事項が明定されています(法6条1項・40条1項・69条1項)。

3 保険証券は、権利の譲渡・行使等に証券の交付・呈示等が要求される有価証券ではなく、保険契約の成立および内容を証するための証拠証券にすぎないと解されていますので、保険金の請求にあたって保険証券の呈示は必要不可欠なものではなく、保険金を請求する者が正当な保険金請求者であることを立証すれば、保険金請求をなすことが可能です。

4 保険証券に関する規定は、任意規定とされていますので、保険者(保険会社)と保険契約者との合意に基づき、書面の交付や記載事項を省略することや書面に代えて電子メールなどの電磁的方法によって保険証券の記載事項に相当する情報を提供することを合意することが可能です。

―― 解 説 ――

1 保険証券の意義

保険証券とは、保険契約者と保険者(保険会社)との間の保険契約の内容を記載した書面のことをいいます。

商法上、保険者（保険会社）は、保険契約者の請求がある場合に限って保険証券を交付すれば足りるものとされていました（旧商法649条1項・683条1項）。

しかし、保険の実務では、保険契約者の請求を待つまでもなく、契約成立後、保険者（保険会社）は保険契約者に保険証券を交付するのが通例とされており、実質的にも保険契約者にとって自らが締結した保険契約の成立や内容を証明するうえで保険証券が重要な意義をもつことから（とりわけ保険給付を請求するうえで重要である）、保険法では、保険契約者の請求を待つことなく、保険者（保険会社）は、保険契約の締結後遅滞なく、保険契約者に対し所定の事項を記載した書面を交付しなければならないとされました（法6条1項・40条1項・69条1項）。

なお、この契約締結時に交付される書面について、保険法では特に名称は付されていませんが、実務上は、引き続き「保険証券」（共済については「共済証書」）の用語が用いられるものと考えられています。

2　保険証券の記載事項

保険証券には、保険契約の基本的内容を記載すべきものとされ、保険法においては、下記表のとおり、損害保険、生命保険および傷害疾病定額保険について、その記載事項が明定されています（法6条1項・40条1項・69条1項）。また、保険証券には、保険者（保険会社）が、署名または記名押印しなければならないとされています（法6条2項・40条2項・69条2項）。

損害保険（法6条1項）	生命保険（法40条1項）	傷害疾病定額保険（法69条1項）
①保険者（保険会社）の氏名または名称	①保険者（保険会社）の氏名または名称	①保険者（保険会社）の氏名または名称
②保険契約者の氏名または名称	②保険契約者の氏名または名称	②保険契約者の氏名または名称

③被保険者の氏名または名称その他の被保険者を特定するために必要な事項	③被保険者の氏名その他の被保険者を特定するために必要な事項	③被保険者の氏名その他の被保険者を特定するために必要な事項
④保険事故	④保険金受取人の氏名または名称その他の保険金受取人を特定するために必要な事項	④保険金受取人の氏名または名称その他の保険金受取人を特定するために必要な事項
⑤保険期間	⑤保険事故	⑤給付事由
⑥保険金額(保険金の限度額)	⑥保険期間	⑥保険期間
⑦保険の目的物に関する事項	⑦保険給付の額およびその方法	⑦保険給付の額およびその方法
⑧約定保険価額	⑧保険料およびその支払の方法	⑧保険料およびその支払の方法
⑨保険料およびその支払の方法	⑨危険増加に係る告知事項についての通知義務に関する事項	⑨危険増加に係る告知事項についての通知義務に関する事項
⑩危険増加に係る告知事項についての通知義務に関する事項	⑩契約締結日	⑩契約締結日
⑪契約締結日	⑪書面作成日	⑪書面作成日
⑫書面作成日		

3　法的性質

　保険証券は、権利の譲渡・行使等に証券の交付・呈示等が要求される有価証券ではなく、保険契約の成立および内容を証するための証拠証券にすぎないと解されています。

　したがって、保険金の請求をするにあたって保険証券の呈示は必要不可欠なものではなく、保険金を請求する者が正当な保険金請求者であることを立証すれば、保険金請求をなすことが可能です。保険会社の約款において、保険金請求の必要書類として保険証券が定められている場合がありま

すが、これは事務取扱いの準則を定めたものにすぎませんので、本人確認書類の提出などにより代替することが可能です（具体的な手続は各保険会社によって異なるので、保険会社に確認する必要がある）。

4 任意規定

保険証券に関する規定は、任意規定とされていますので、保険者（保険会社）と保険契約者との合意に基づき、書面の交付や記載事項を省略することが可能です。また、書面に代えて、電子メールなどの電磁的方法によって保険証券の記載事項に相当する情報を提供することを合意することも可能です。

〔國吉雅男〕

8　片面的強行規定

Question 29

保険法における「保険契約の成立」の規定の中で、片面的強行規定とされているのはどの規定でしょうか。また、片面的強行規定違反が問題となる具体例についても教えてください。

Answer

保険契約の成立の規定の中で片面的強行規定とされているのは以下の規定です。

① 告知義務（法4条・37条・66条）
② 遡及保険（法5条2項・39条2項・68条2項）

――――解　説――――

片面的強行規定を一覧にまとめると以下のようになります。

保険契約の成立		7条・41条・70条		
	片面的強行規定	条文	誰にとって不利か	片面的強行法規違反の約款の具体例
損　害	告知義務	4条	保険契約者 or 被保険者	保険金受取人にも告知義務を課す約定 危険に関する重要な事項以外についても告知義務違反解除可能とする約定 危険に関する重要な事項であれば保険者が告知を求めていなくても告知しなければならないとする約定
生　命		37条		
傷害疾病		66条		
損　害	遡及保険	5条2項	保険契約者	保険契約時にすでに発生した保険事故に関して保険給付を行うという定めを常に有効とする約定
生　命		39条2項		
傷害疾病		68条2項		

Ⅱ　保険契約の成立

1　保険契約の成立の規定中の片面的強行規定

　保険契約の成立の規定の中で片面的強行規定とされている規定は、①告知義務に関する規定（法4条・37条・66条）と、遡及保険（法5条2項・39条2項・68条2項）の2つです（法7条・4条・70条）。

2　告知義務に関する規定（法4条・37条・66条）

(1)　規定の内容

　損害保険に関し、法4条は、「保険契約者又は被保険者になる者は、損害保険契約の締結に際し、損害保険契約によりてん補することとされる損害の発生の可能性に関する重要な事項のうち、保険者になる者が告知を求めたものについて、事実の告知をしなければならない」と規定しており、法7条において、この規定に反する特約で、保険契約者または被保険者に不利なものは無効とするとしています。生命保険、傷害疾病定額保険についても同様の規定があります。

(2)　具 体 例

　たとえば、①保険者になる者が告知を求めていないものについても、危険に関する重要な事項について保険契約者または被保険者が告知をしなかった場合に告知義務違反解除ができるとする特約や、②危険に関する重要な事項以外の事項について告知を求め、その告知がなかったときには告知義務違反解除ができるとする特約、③生命保険および傷害疾病定額保険について、保険契約者、被保険者のほか、保険金受取人にも告知義務を課すといった特約は、保険契約者、被保険者にとって不利なものといえますので、無効になるものと解されます。

　なお、法4条・37条・66条は、告知義務違反解除（法28条・55条・84条）の原因となる告知義務の内容を規定する趣旨の規定で、保険者が告知を求める事項を制限する趣旨の規定ではないので、保険法上は、保険者が、危険に関する重要な事項以外の事項について告知を求めること自体は許されるものと解されます（ただし、監督指針Ⅳ―1―5において、「告知項

123

目は、保険会社が危険選択を行ううえで必要なものに限定する」とされていることに留意する必要がある)。

たとえば、他保険契約の存在について告知を求めること自体は許されますが、それ自体は必ずしも危険に関する重要な事項とはいえないため、他保険契約の存在について告知しなかった、あるいは不実の告知をした場合に、(例外なく)告知義務違反として保険契約を解除できるとする特約は無効となると解されます。

3 遡及保険に関する規定(法5条2項・39条2項・68条2項)

(1) 規定の内容

損害保険に関し、法5条2項は、「損害保険契約の申込みの時より前に発生した保険事故による損害をてん補する旨の定めは、保険者又は保険契約者が当該損害保険契約の申込みをした時において、当該保険者が保険事故が発生していないことを知っていたときは、無効とする」とし、法7条において、この規定に反する特約で、保険契約者に不利なものは無効とするとしています。生命保険(死亡保険)や傷害疾病定額保険の場合も同様です。

これは、遡及保険において、保険契約者が遡及期間の保険料を支払うのは、遡及期間中に保険事故が生じていた場合に備えるためであるのに、契約の時点で保険者が保険事故が発生していないことを知っていてそれを保険契約者に告げなかったような場合にまで、保険契約を有効とするのは、著しく公平を欠くという理由から、片面的強行規定とされたものです。

(2) 具体例

保険契約時にすでに発生した保険事故に関して保険給付を行うという定めを常に有効とする約定は、保険者が保険契約時に保険事故が発生していないことを知っていた場合にも、保険契約は有効となり保険契約者からの保険料の返還が認められなくなるため、保険契約者にとって不利な特約といえ、無効となると解されます。

なお、法5条・39条・68条の各1項(保険契約締結時に、遡及期間内に保

険事故が発生していたことを保険契約者側が知っていた場合の規定）は、片面的強行規定ではありませんが、保険の悪用を防止するための規定ですので、強行規定とされており、これに反する規定は認められません。

〔松本久美子〕

III

保険契約の効力

1 第三者のためにする保険契約

Question 30

第三者を被保険者とする損害保険契約を締結した場合、被保険者はその利益を受ける意思を保険会社に示す必要がありますか。

Answer

不要です。民法537条2項の特則として、第三者である被保険者（生命保険、傷害疾病定額保険の場合は保険金受取人）の受益の意思表示なくして、当然に当該第三者が当該損害保険契約（生命保険契約、傷害疾病定額保険契約）の利益を享受します（法8条・42条・71条）。

なお、かかる規定に反する特約で、被保険者、保険金受取人に不利な特約は無効とされています（片面的強行規定）（法12条・49条・78条）。

―― 解　説 ――

1　受益の意思表示

民法上、第三者のためにする契約においては、第三者が債務者に対して契約の利益を享受する意思を表示したときに、第三者の債務者に対する権利が発生するとされています（民法537条2項）。

他人のためにする損害保険契約、生命保険契約も、第三者のためにする契約の一種であるため、他の法律に特則がない限り、民法の規定が適用されます。

そして、旧商法下では、「保険契約者カ委任ヲ受ケスシテ他人ノ為メニ契約ヲ為シタル場合ニ於テ其旨ヲ保険者ニ告ケサルトキハ其契約ハ無効トス若シ之ヲ告ケタルトキハ被保険者ハ当然其契約ノ利益ヲ享受ス」（旧商法648条・675条も同趣旨）として、後段において被保険者の受益の意思を不要としており、これは保険法下でも同様です（法8条・42条・71条）。

2　第三者のためにする保険契約に関する規定で削除された条項

　旧商法下にあっては、「保険契約ハ他人ノ為メニモ之ヲ為スコトヲ得此場合ニ於テハ保険契約者ハ保険者ニ対シ保険料ヲ支払フ義務ヲ負フ」（旧商法647条）、「保険契約者カ委任ヲ受ケスシテ他人ノ為メニ契約ヲ為シタル場合ニ於テ其旨ヲ保険者ニ告ケサルトキハ其契約ハ無効トス」（旧商法648条前段）との規定が存在しましたが、保険法では削除されています。

　前者の規定は、保険契約においても特則のない限り民法の規定が適用されることからすると、旧商法647条は当然のことを規定していた確認規定にすぎなかったため、同規定の規律を維持することを前提としつつ削除されました（中間試案4頁）。

　後者の規定は、賭博保険や保険金を保険契約者が詐取する行為を防止することを趣旨とする規定でしたが、実務上、委任の有無について告知を求めることは行われていないこと、保険給付請求権自体は被保険者が有するため、保険契約者が詐取する危険性はそれほど高くないこと、告知義務違反の場合には契約を解除しうる場合との均衡等を考慮し、かかる規定も削除されました（補足説明20頁）。

3　被保険者および生命保険、傷害疾病定額保険における保険金受取人の有する権利・義務

(1)　権　利

　損害保険における被保険者および生命保険、傷害疾病定額保険における保険金受取人は、保険事故発生によって、保険金請求権を取得しますが、その他の権利、すなわち、契約の解除・解約権、解約返戻金請求権等は保険契約者に帰属します。

(2)　義　務

　義務に関しては、保険料支払義務は保険契約者が負っていますが、被保険者についても、保険契約者とともに告知義務が定められています（法4条・37条・66条）。この点、旧商法では、損害保険契約の被保険者につい

て、告知義務は定められていませんでしたが、損害保険契約の被保険者も、重要な事実の有無や内容を知りうる立場にあるため、保険法下では告知義務が定められています（法4条）。

なお、生命保険、傷害疾病定額保険の場合は、被保険者については、告知義務が定められています（法37条・66条）が、保険金受取人については、重要な事実の有無や内容を関知することを容易に知りうる立場にはないことが多いといえるため、告知義務は課されていません。

3 受益の拒絶

損害保険における被保険者および生命保険、傷害疾病定額保険における保険金受取人が、多額の債務を負っている場合等に、受益の拒絶がなされることがあります。かかる受益の拒絶は可能であると考えられていますが、この場合の効果については旧商法においても、保険法においても規定はありません。

この点、学説上は、拒絶がある場合には、受取人の指定のない「保険契約者の自己の為めにする保険契約」になるとする見解があります（中村敏夫『生命保険契約法の理論と実務』193頁以下）。

他方、裁判例では、生命保険契約において、保険契約者兼被保険者の死亡後、保険金受取人が保険金請求権を放棄した場合に、保険契約者兼被保険者の相続人が保険金請求権を承継することができるかといった事例において、「被保険者が死亡すると保険契約者の保険契約に関する処分権は消滅し、保険金受取人の権利は確定的となり、具体的な金銭債権となる。そして、この保険金請求権は、通常の債権と変わりがないので、保険金受取人はこれを自由に処分することが可能となると解される」したがって、「保険金請求権は確定的に消滅したというほかない」と判示したものがあります（大阪高判平成11・12・21金融・商事判例1084号44頁）。

〔古川純平〕

2　損害保険における超過保険

Question 31

超過保険とはどのようなものでしょうか。また、契約時、超過保険であることを知っていた場合と知らなかった場合とで、保険契約の効力に差異がありますか。

【事例】Aは、B保険会社との間で、時価1,000万円の絵画について保険金額が2,000万円の損害保険契約を締結しました。

① 契約時Aは当該絵画の価格が1,000万円であることを知っていましたが、当該絵画の値段の値上がりを見込んで、上記損害保険契約を締結しました。その効力はどのようになりますか。

② 契約時Aは、当該絵画は同じ作家の他の作品の価格などから2,000万円くらいの価値があるものと思っていましたが、保険金額が1,000万円の保険価格の契約であれば保険料が安くなる場合、Aは今までに支払った保険料の返還を求められるでしょうか。

Answer

　超過保険とは、損害保険契約の締結の時において保険金額が保険の目的物の価額（以下「保険価額」という）を超える保険をいいます。

　契約時に、保険契約者および被保険者が、超過保険であることを知らず、知らないことについて重大な過失もないときで、かつ保険価額について約定が存在しなかった場合には、保険契約者はその超過部分について、当該損害保険を取り消すことができます（法9条）。

　したがって、上記条件を満たす場合で、保険契約者が超過部分について損害保険契約を取り消した場合には、当該契約の効力は遡及的に失われます。

【事例の回答】

① 当該損害保険契約も有効です。

② Aが超過保険であることを知らないことについて、Aの重過失がなければ、Aは当該保険契約の超過部分を取り消し保険料の返還を受けることができます。

解説

1 旧商法下での超過保険

(1) 旧商法631条

　超過保険とは、損害保険契約の締結の時において保険金額が保険価額を超過する保険をいうところ、かかる保険は、被保険者が実損害以上の利得を受けることになります。したがって、損害のてん補という損害保険契約の趣旨からすれば、かかる保険自体、保険契約を締結しなければならない合理的な理由がない限り、許されるものではありません。

　そこで、かかる損害保険契約の趣旨を貫徹するという観点から、旧商法では、「保険金額カ保険契約ノ目的ノ価額ニ超過シタルトキハ其超過シタル部分ニ付テハ保険契約ハ無効トス」（旧商法631条）と規定され、超過保険は一律に無効とされていました。

(2) 旧商法631条の問題点

　①　同条については、契約成立以後に、偶然超過保険となった場合にまで無効とする理由がないことや、契約時に、後の保険価額の上昇を見込んで、高額の保険金額を設定することは合理的であり、かかる場合にまで無効とする理由もないことから一律の無効については批判されていました。

　そこで、旧商法下でも、学説上、超過部分は絶対的に無効なのではなく、保険契約者が超過部分について保険金額の減額およびそれにともなう保険料の一部返還請求をすることができるという意味で一種の相対的無効であるという主張がなされたり（山下友信『保険法』395頁、柳田良平「保険法演習(3)超過保険と重複保険の競合」損保33巻4号195頁、西島梅治『保険法』152頁）、実務上も保険給付の不正取得を目的とする場合を除いて、超過保険の超過部分も無効としない運用が行われていました（山下・前掲395頁・396頁）。

　②　また、同条が、超過部分のみ機械的に一部無効としている点に関しても、有害無益であり、保険契約者が不法利得目的で超過保険を締結した

場合には、公序良俗違反として契約全部を無効とすべきであるとの見解も有力に主張されていました（西島・前掲156頁）。

　この点、裁判例の中でも、保険契約者の虚偽の申し出により、個々の損害保険契約について異常な保険金額が設定された事例で、損害保険契約全部を公序良俗に反するとして無効であると判示したものもあり（名古屋地判平成9・3・26判例時報1609号144頁）、事情によっては、同条にかかわらず、損害保険契約全部が無効となると解されていました。

　なお、保険契約が公序良俗に反し、全部無効であると判断された場合の既払保険料の返還については、不法原因給付（民法708条）、または旧商法643条により認められないと解されていました。

2　保険法下での超過保険

(1)　保険法の規律

　保険法下では、上記批判や実務を考慮し、①判断の基準時を損害保険契約の締結時としたうえで、②超過保険であることについて、保険契約者および被保険者が善意（超過保険であることを知らないという意味）かつ重大な過失がなかったときに限り、③保険契約者が、④その超過部分について、当該損害保険契約を取り消すことができる。⑤ただし、保険価額について一定の約定があるときは、この限りではない、と規定されることになりました（法9条）。

(2)　不法な目的の場合

　保険法改正に係る議論の中で、保険契約者が保険金を不法に取得する目的で超過保険を締結した場合には、その損害保険契約全部を無効とすべきという提案もなされましたが、かかる契約は公序良俗に違反し無効（民法90条）と解する余地があるため、別段の規律は設けられませんでした（補足説明33頁）。

(3)　評価済保険

　法9条ただし書部分については、いわゆる評価済保険といわれるものであり、原則として、当初の約定で定められた保険価額がてん補損害額とさ

れ、例外的に、当該約定保険価額が保険価額を著しく超えるときに、てん補損害額を、当該保険価額によって算定する、とされています（法18条2項）。

(4) 超過保険による取消しの効果

法9条本文によって、損害保険契約が取り消された場合には、契約締結時にさかのぼって無効となります（民法121条）ので、契約時からの既払保険料について、保険契約者は、保険者に対して、不当利得返還請求権（同法703条）に基づき返還を求めることになります。

3　事例の解説

(1) 超過保険の該当性

①、②の事例いずれも、時価1,000万円の絵画について保険金額が2,000万円の損害保険契約が締結されており、超過保険に該当します。

この点、Aが当該超過部分を取り消し、それに相当する保険料の返還を求めるためには、当該損害保険契約締結時にAが超過保険であることを知らず、かつ知らないことについて重大な過失がないことが必要です。

(2) 事例①の場合

事例①では、契約時にAは当該絵画が2,000万円の価値がないことを認識したうえで、2,000万円の損害保険契約を締結しており、上記②の要件を満たさないため、超過部分の取消しは認められません。

(3) 事例②の場合

事例②については、本件でAは、「当該絵画は同じ作家の作品の価格などから2,000万円くらいの価値があるものと思っていた」のですから、超過保険であることについては認識していないといえます。

したがって、②では超過保険であることを知らないことについて、重過失があるか否かで結論を左右することになります。

この点、保険会社の方で絵画の価値について一定の評価をしたうえで保険料が決されたような場合で、Aが、かかる保険会社の絵画の評価に基づき、2,000万円くらいの価値であると信じていたような場合には、重過失

は認められない（超過部分について、損害保険契約の取消しが認められる結果、保険料の返還は認められる）と考えます。

(4) 価格が下落した場合

仮に、保険契約締結時に価格が金2,000万円であった絵画について、後に金500万円に価値が下落した場合は、判断時である損害保険契約時において、超過保険とはなっていないため、そもそも本条の対象とはなりません。かかる場合には、保険契約者は、保険法10条（「損害保険契約の締結後に保険価額が著しく減少したときは、保険契約者は、保険者に対し、将来に向かって、保険金額又は約定保険価額については減少後の保険価額に至るまでの減額を、保険料についてはその減額後の保険金額に対応する保険料に至るまでの減額をそれぞれ請求することができる」）によって、保険料の減額を請求することになります。

〔古川純平〕

3　保険金受取人の指定・変更

Question 32

保険金受取人が、①「妻Ａ」、②「相続人」と指定されていますが、保険金受取人は誰と解釈すればよいでしょうか。②の場合、相続人間の取得割合はどのように考えればよいでしょうか。

Answer

保険金受取人の指定が不明確な場合、保険金受取人の指定行為の解釈により保険金受取人は誰かを明らかにすることになります。この解釈は客観的解釈によるとされています。

保険金受取人が①「妻Ａ」と指定されている場合、「妻」という記載は補助的な意味しかなく、原則として、Ａが保険金受取人であると解されます（最判昭和58・9・8民集37巻7号918頁）。

また、保険金受取人が②「相続人」と指定されている場合、保険金受取人は被保険者死亡時における被保険者の相続人となるべき者が保険金受取人として指定されていると解されています（山下友信『保険法』492頁）。そして、その権利取得割合は、相続分割合になると解されますが（傷害保険につき、最判平成6・7・18民集48巻5号1233頁）、実務上の取扱いは相続分割合か、相続人の頭数による均等かで分かれています。

―――――　解　説　―――――

1　保険金受取人の指定の法的性質

保険法は、生命保険契約または傷害疾病定額保険契約の締結時に交付される書面の記載事項として「保険金受取人の氏名又は名称その他の保険金受取人を特定するために必要な事項」（法40条1項4号・69条1項4号）が定められていることから、保険契約時に保険金受取人を指定することが想定されています。

保険契約時における保険金受取人の指定は、保険者が保険契約者と保険

金受取人との関係を考慮しモラルハザードの観点から契約を拒絶する場合や、保険金受取人を一定の範囲の者に限っている保険商品があるものの、原則として保険契約者が自由に決定できるため、実質的には保険契約者の一方的意思表示によるものと解されています（山下・前掲488頁）。

なお、保険契約者が自由に指定できるといっても、民法の一般原則（公序良俗違反等）により、その指定が無効とされる場合があります（山下・前掲489頁、東京高判平成11・9・21金融・商事判例1080号30頁等）。

2　保険金受取人の指定が不明確な場合

保険法において、特に保険金受取人の具体的な指定方法や指定内容等については規定されておらず、これまでと同様、保険金受取人の指定が不明確な場合、当該指定行為の解釈をすることになります。

保険金を支払うべき相手が誰であるかは保険者にとってきわめて重要な事項であり、保険金受取人の指定が実質的に保険契約者の一方的意思表示によるものであることからすると、保険契約者の保険者に対する意思表示を合理的かつ客観的に、すなわち保険者がどのように理解するかという観点から客観的に解釈するべきであるとされています（最判昭和58・9・8民集37巻7号918頁）。

3　具 体 例

(1)　肩書きの存在

保険金受取人が「妻A」と記載されている場合、Aが保険契約者の妻である限り、当該保険金受取人の指定は明確ですが、保険契約者とAが離婚した場合、当該指定をどのように解するのでしょうか。

この点、「妻」と記載している以上、Aと離婚をし、Aが妻ではなくなったときには当該保険金受取人の指定は効力を失うと解することもできないわけではありません。しかしながら、判例は、「妻」は補助的な意味にすぎず、「A」と記載していることを重視して、離婚をした場合には保険金受取人ではなくなることを表示したような場合でない限り、Aが保険金

受取人であると判断しました（前掲最判昭和58・9・8民集37巻7号918頁）。

　なお、妻であるAを保険金受取人にする趣旨で、単に「妻」とだけ記載していた場合で、保険契約者とAが離婚をした場合には、「妻」でなくなった以上、保険金受取人の指定は効力を失うものと解されています（山下・前掲491頁）。

⑵ 「相続人」という指定の場合
　① 保険金受取人は誰か
　保険金受取人が「相続人」と指定された場合、被保険者死亡時において被保険者の相続人となるべき者を保険金受取人と指定されたものと解されています（山下・前掲492頁）。
　② 権利取得割合
　相続人という指定がなされ、相続人が複数いる場合、保険金受取人が複数存在することになります。その場合の権利取得の割合をどのように考えるかについては、実務上、見解が分かれています。

　この点、頭数による均等割合で取得すべきと解する見解があります。この見解は、相続人と指定されている場合でも、相続により保険金請求権を取得するのではなく、あくまでも保険金受取人として指定された結果、相続人の固有の権利として取得するのであって、相続分の割合に従うのではなく、金銭債権に関する一般原則である民法427条によるべきという理由に基づいています。

　他方、相続分の割合に従って取得するという見解もあります。これは、あえて「相続人」という相続法上の表現を使っていることから、保険契約者の合理的意思として、相続分の割合に従った取得が意図されているという理由に基づいています。

　最高裁平成6年7月18日判決（民集48巻5号1233頁）は、傷害保険契約において、相続分の割合に従って取得する見解をとることを明らかにしています。

　この判決を受けて、損害保険会社の傷害保険は相続分に従う旨の約款と

なっています。生命保険については、均等割合によるものと、相続分の割合に従うものと、扱いが分かれています（山下・前掲494頁）。

③ 指定相続人死亡の場合との違い

旧商法下の判例において、保険金受取人がＡと指定されており、保険事故発生前にＡが死亡した場合、旧商法676条2項の規定により保険金受取人となったＡの相続人同士の権利取得割合は、約款等で定めがなければ、民法472条により平等であるとされています（最判平成5・9・7民集47巻7号4740頁。なおＱ35を参照）。

この指定保険金死亡の場合の相続人間の権利取得割合と、保険金受取人を「相続人」と指定した場合の相続人間の権利取得割合が異なることになりますが、この違いは、後者は保険金受取人の指定の際にあえて相続法上の表現を使用した保険契約者の意思解釈の問題として、相続分に従うと考えるのが合理的であるのに対し、前者は単に旧商法676条2項が相続人という概念により保険金受取人を確定させている（保険金受取人がいないという状態を避けている）にすぎないという違いによるものです。

〔松本久美子〕

Question 33

保険契約者が保険金受取人を変更する場合、どのような手続をとればよいでしょうか。また、変更の効力はいつ発生するのでしょうか。

Answer

保険金受取人の変更は、保険者に対する意思表示により行うことになります（法43条1項・2項・72条1項2項）。

保険金受取人の変更の効力は、変更する旨の意思表示が、保険者に到達した場合に、意思表示を発したときにさかのぼって生じるとされています。ただし、通知が発送された後、保険者に到達する前に、保険者が変更前の保険金受取人に保険給付を行っていた場合には、保険給付は有効とされています（法43条3項・72条3項）。

また、被保険者の同意が必要な契約に関しては、被保険者の同意がなければ保険金受取人の変更の効力は生じません。

解説

1 保険金受取人の変更権

(1) 保険金受取人変更に関する問題点

商法上、保険金受取人の変更権は、変更権を留保した場合に限って認められていました（旧商法675条1項）。しかし、生命保険契約の契約期間は長期であるため、保険金受取人に指定したときと事情が変更していることがよくあることから、保険契約者は保険金受取人をいつでも変更できるとするのが合理的であるとされていました。そこで、保険法では、特に保険金受取人の変更権を留保した場合に限らず、保険契約者は、保険事故（（傷害疾病定額保険の場合）給付事由）が発生するまで、いつでも保険金受取人を変更できるとしました（法43条1項・72条1項）。

(2) 変更の意思表示

保険金受取人の変更の意思表示の法的性質は、保険契約者の一方的意思

表示により効力を生じる形成権であると解されています（山下友信『保険法』496頁、補足説明78頁以下）。

この意思表示の相手方については、商法においては、保険者か新保険金受取人か旧保険金受取人かについて議論があり（最判昭和62・10・9民集41巻7号1527頁は保険者または新旧保険金受取人としていた）、保険法制定時においても議論されましたが、契約当事者に対する意思表示であることが自然であり、法律関係として簡明であることなどから、保険者に対する意思表示によることとされました（法43条2項・72条2項）。

2　効力発生時期・要件

(1)　原則

保険法は、保険金受取人の変更の意思表示は「その通知が保険者に到達したときは、当該通知を発した時にさかのぼってその効力を生じる」としています（法43条3項・72条3項）。

発信したときに効力が生じるとした趣旨は、保険者に意思表示が到達することを効力発生要件としたうえで、保険金受取人の変更が保険事故の発生する前までしか認められない関係上、保険事故発生前に変更の意思表示をし、保険者に到達前に保険事故が発生した場合にも、保険金受取人の変更をしようとした保険契約者の意思をより反映できるようにするためです。

もっとも、発信したときに効力が生じるとすると、保険金受取人が変更の意思表示を発信した後、保険者に意思表示が到達する前に、保険事故が発生して保険者が保険金を旧受取人に支払った場合、保険金受取人変更の効力が発信時にさかのぼると、保険者は保険金受取人でない者に保険金を支払ったことになってしまいます。そこで、このような保険者の二重払いの危険を防止するために、「ただし、その到達前に行われた保険給付の効力を妨げない」として、旧保険金受取人に対する保険金の支払は有効とされ、発信時に効力が生じるとすることによる保険契約者の意思の尊重と、保険者の保護の調整を図っています。

(2) 例外－被保険者の同意が必要な契約

　死亡保険や、他人を被保険者とする傷害疾病定額保険等、被保険者の同意が必要とされる保険契約について、被保険者の同意なく自由に保険金受取人の変更ができてしまうと、保険契約締結の際に被保険者の同意を必要とした意義が失われてしまいます。

　そこで、被保険者の同意が必要な保険契約の保険金受取人の変更の場合には、被保険者の同意が必要と解されています。

　そして、保険金受取人変更の通知の到達と被保険者の同意がそろった時点から、変更の効力が生じるものと解されます（萩本修「新保険法－立案者の立場から－」生命保険論集165号19頁）。

3　規定の性質

　保険事故発生まで保険金受取人の変更ができるという法43条1項・72条1項の規定は、任意規定とされており、約款において保険金受取人の変更を認めない、あるいは保険金受取人の変更できる人の範囲を制限することも認められます。しかし、法43条2項・3項、72条2項・3項は、保険金受取人の変更の効力発生要件および保険者に対する対抗要件を定めていますので、強行規定とされています。

　なお、保険者に対する意思表示によって保険金受取人の変更ができるとする2項の規定は強行規定ですので、意思表示以上にさらに制限を課すことは許されません（たとえば、本社に変更届が届かなければならないといった約款）。意思表示が保険者に到達したと法的に評価できるのであれば、保険金受取人の変更を認めなければならないと考えられます（萩本・前掲25頁）。

　もっとも、意思表示が保険者に到達したと法的に評価できるときに保険契約者の変更を認めることを前提に、約款等で保険金受取人変更を保険会社所定の書面で送付することを求めること自体は、保険契約者の過度の負担とならない限り、保険契約者の意思を明確にしたり、事務処理の都合上、許されるものと考えられます。

〔松本久美子〕

III　保険契約の効力

Question 34

遺言によって保険金受取人の変更をすることは可能でしょうか。また、遺言により新たに保険金受取人とされた者は、どのようにして保険金を受け取るのでしょうか。

Answer

約款に遺言による保険金受取人の変更はできない旨の規定のない限り、遺言によって保険金受取人の変更をすることは可能です（法44条1項）。遺言による保険金受取人の変更がなされた場合には、保険契約者の相続人がその旨を保険者に通知しなければ、新しく保険金受取人に指定された者は、保険者に対抗することができません。

解　説

1　旧商法の取扱い

旧商法においては、遺言による保険金受取人の変更については規定がありませんでした。

従来、遺言による保険金受取人の変更については、保険者は遺言書の存在について通常知りえないこと、遺言の有効性について保険者が判断することは困難であることといった理由で学説、実務上積極的には肯定されていませんでしたが、東京地裁平成9年9月30日判決（金融・商事判例1029号28頁）が、遺言による保険金受取人の変更を認め、同控訴審判決においても地裁の判断が維持されました。この裁判例が遺言による保険金受取人の変更を認めた理由は、保険金受取人の変更の意思表示は相手方のない意思表示であり、保険者も対抗要件により不利益を受けないからというものです。

2　保険法の規定

保険法においては、明確に遺言による保険金受取人の変更ができると規

143

定し（法44条1項）、遺言の有無については保険者の知るところではないため、保険者に対する対抗要件として、保険契約者の相続人からの通知を必要としました（法44条2項）。

3　要件および効果

上記のとおり、保険法で、遺言において保険金受取人の変更ができると規定したことにより、遺言による保険金受取人の変更には民法上の遺言規定が及ぶことになります（矢野慎治郎「遺言による受取人変更」落合誠一・山下孝典編『新しい保険法の理論と実務（別冊金融・商事判例）』127頁）。

(1)　要　件

民法上の遺言規定が及ぶため、遺言による保険金受取人の変更が認められるためには、その遺言が有効であることが必要です。すなわち、遺言の要式を満たしていること（民法968条・969条・969条の2・970条参照）、また遺言はいつでも遺言の方式に従って遺言の全部または一部を撤回できますので（同法1022条）、撤回がないことも必要です。

遺言中の文言が保険金受取人変更の意思表示であるかが明確でない場合には、遺言者の合理的な意思解釈の問題ということになります。たとえば、「A保険会社の保険金請求権をBに遺贈する」といった場合、保険金請求権は相続財産には該当しませんので、遺贈そのものはできないと考えられますが、遺贈者の意思の合理的解釈をすれば、保険金受取人変更の意思と解することも考えられます。

また、被保険者の同意が必要な保険契約については、遺言による保険金受取人変更の場合にも被保険者の同意が必要となります。

(2)　遺言が無効の場合

遺言で保険金受取人の変更をしたが、その遺言が民法上の遺言の要件を満たさず無効であったという場合、保険金受取人の意思表示の効力が維持されるのかどうかは重要な問題といえます。

この点、保険法立案者は保険法上、保険金受取人の変更は保険者に対する意思表示によってすると定め（法43条2項）、その唯一の例外として遺言

による場合を定めた以上、遺言が無効であれば保険金受取人の変更の効力は生じないとしています（萩本修「新保険法－立案者の立場から－」生命保険論集165号28頁）。

4　保険者に対する対抗要件

保険法は、遺言が効力を発生した後に、保険契約者の相続人が保険者へ通知しなければ、遺言による保険金受取人の変更を保険者に対抗できない旨規定しています（法44条2項）。

この保険契約者の相続人とは、相続人の1人が保険者に通知すればよく、相続人全員が共同して通知する必要はないとされています（保険法部会22回議事録34頁）。

5　規定の性質

法44条1項は任意規定とされているため、保険金受取人の変更を認めない旨の約定も許容され、遺言によって変更できる受取人の範囲を一定の者に限定する旨の約定も許されると解されています（補足説明82頁）。

他方、法44条2項は強行規定とされていますので、対抗要件の内容を当事者の合意で変更することはできません。

6　経過措置

遺言による保険金受取人の変更についての保険法の上記規定は、保険法施行日以降に締結された保険契約に適用され、施行日前に締結した保険契約には適用されないため（法附則4条）、保険法施行日前後で、遺言による保険金受取人の変更の要件や効果が異なることに留意が必要です。

7　実務対応

実務においては、遺言による保険金受取人の変更を認めるべきかどうかを判断するにあたっては、遺言の有効性の確認が必要です。もし、保険者が、遺言の撤回等があることを知らずに保険金を支払った場合等には、債

権の準占有者に対する弁済（民法478条）として保険者が保護される可能性もありますが、遺言の文言があいまいであったり、遺言書の効力について相続人間に争いがある場合等については、債権者不確知（同法494条後段）を理由に供託を行うことになるものと思われます。

　なお、新しい保険金受取人に対し過度の制約とならない限りは確認のために書類等を要求することは許されると考えられますので、約款に遺言による保険金受取人の変更がなされた場合についての手続、検認証明書等確認書類について約款に規定しておくことが望ましいと思われます。

〔松本久美子〕

4 保険金受取人の死亡

Question 35

保険金受取人が死亡した場合、誰が保険金を受け取ることになるのでしょうか。

Answer

保険事故発生前に保険金受取人が死亡した場合、その相続人が保険金受取人となります（法46条）。

解　説

1 旧商法の規定

(1) 規定内容

旧商法675条1項但書・同条2項は、保険契約者が保険金受取人について指定変更権を有する場合に、保険契約者がその権利を行使せずに死亡したときは保険金受取人が確定するとしていました。したがって、保険契約者の相続人は保険金受取人の変更ができないことになります。

そして、旧商法は、被保険者と保険金受取人が異なる場合に、保険金受取人が死亡したときは保険契約者は新たな保険金受取人を指定できるとしていました（旧商法676条1項）。さらに、旧商法は、保険契約者が新たな指定をせずに死亡したときは保険金額を受け取るべき者（指定受取人（保険契約者が保険金受取人に指定した者））の相続人が保険金受取人となるとしていました（同条2項）。

(2) 解釈上の問題

① 指定受取人の相続人が死亡した場合

旧商法676条2項の規定では、指定受取人死亡時には生存していた指定受取人の相続人が、保険契約者死亡までの間に死亡した場合、当該相続人は保険金受取人として扱われるのか、すなわち、指定受取人の相続人として保険金受取人になるためには保険契約者死亡時に生存している必要があ

るかが解釈上争われていました。

　イ　最高裁判例

　この点につき、最高裁平成5年9月7日判決（民集47巻7号4740号）は、旧商法676条2項にいう「保険金を受け取るべき者の相続人」とは、指定受取人の法定相続人または順次の法定相続人であって被保険者の死亡時に現に生存する者をいうと解すべきと判断しました。

　ロ　学　説

　学説も上記判例の結論を支持していますが、その解釈上、指定受取人の死亡により、保険金受取人の指定の効力が失われるのか否かについて争いがあります。

　指定非失効説は、指定受取人の死亡によっても、指定は効力を失わず、指定相続人が死亡した時点で旧商法676条2項の適用があるという考え方です。

　指定失効説は、指定受取人の死亡により指定は効力を失い、保険契約者が新たに保険金受取人を指定せずに死亡した場合には旧商法676条2項により保険金受取人を指定受取人の相続人と補充する規定と解するという考え方です。

　②　指定受取人の相続人（最終の保険金受取人）間の権利取得割合

　指定受取人が死亡し、その後保険契約者が保険金受取人を再度指定せずに被保険者も死亡したとき、指定受取人の生存する相続人が複数いる場合には、最終の保険金受取人が複数存在することになります。

　この場合の保険金受取人の権利取得割合については、ⓐ頭数による均等割という考え方と、ⓑ相続割合という考え方があります。

　この点につき、前記最高裁判例は、旧商法676条2項は、相続人という概念により保険金受取人を確定するだけの意味をもつにすぎず、各人の権利取得割合は民法472条により平等（均等割）であるとしました。上記指定失効説と指定非失効説の対立について、かかる判例の結論から、指定失効説をとったものという意見が有力であるようですが（山下友信『保険法』522頁）、権利取得割合を均等割とする考え方と指定失効・非失効とは論理

必然とはいえないと解されます（和田一雄「保険事故発生前に保険金受取人が死亡した場合」落合誠一・山下孝典編『新しい保険法の理論と実務（別冊金融・商事判例）140頁』）。

③　保険契約者兼被保険者と保険金受取人の同時死亡の場合

旧商法676条2項の規定は、保険金受取人が先に死亡することを前提とする規定であるため、保険契約者兼被保険者と保険金受取人が同時に死亡した場合に、同条項が適用されるか否かについては争いがありました。

この点、保険契約者兼被保険者（夫）と保険金受取人（妻）が同時に死亡したという事例において、下級審（東京高判昭和58・11・15判例時報1101号112頁、札幌高判平成19・5・18金融・商事判例1271号61頁）は、旧商法676条2項の適用を認めていました。

これらの下級審判決は夫に相続人がいない事案でしたが、夫に相続人がいる事案において、最高裁は、旧商法676条2項は、保険契約者と保険金受取人が同時に死亡した場合にも類推適用されるとしたうえで、「同項にいう「保険金額ヲ受取ルヘキ者ノ相続人」とは、指定受取人の法定相続人又はその順次の法定相続人であって被保険者の死亡時に現に生存する者をいい（最高裁平成2年(オ)第1100号同5年9月7日第三小法廷判決・民集47巻7号4740頁）、ここでいう法定相続人は民法の規定に従って確定されるべきものであって、指定受取人の死亡の時点で生存していなかった者はその法定相続人になる余地はない（民法882条）。したがって、指定受取人と当該指定受取人が先に死亡したとすればその相続人となるべき者とが同時に死亡した場合において、その者又はその相続人は、同項にいう「保険金額ヲ受取ルヘキ者ノ相続人」には当たらない」と判断しました（最判平成21・6・2金融法事情1877号28頁①事件）。

この判例によると、子がいない夫婦で、夫が保険契約者兼被保険者、妻が保険金受取人のケースで夫婦が同時に死亡したとされる場合、妻の相続人は保険金を受け取ることができますが、夫の相続人は保険金を受け取ることができないことになります（なお、旧商法676条2項と同趣旨の共済保険約款の解釈で同様の判断がなされている（最判平成21・6・2金融法事情

1877号28頁②事件))。

2　保険法の規定

(1)　規定内容

　保険法は、43条1項において、「保険契約者は、保険事故が発生するまでは、保険金受取人の変更をすることができる」と規定し、旧商法675条2項のように保険契約者の死亡によって保険金受取人が確定するといった規定はなされていません。

　したがって、保険契約者が死亡したときには、保険契約者の相続人は、被保険者が死亡するまでの間に、保険金受取人を変更することができることになります。

　それを前提に、法46条は、「保険金受取人が保険事故の発生前に死亡したときは、その相続人の全員が保険金受取人となる」と規定しました。

　この規定により、保険金受取人が死亡した後、被保険者が死亡するまでの間の権利関係については明確になりました。

(2)　指定受取人の相続人（最終の保険金受取人）間の権利取得割合

　指定受取人の相続人（最終の保険金受取人）が複数いる場合の権利取得割合については、保険法においても規定されていません。

　また、かかる規定が上記平成5年9月7日最高裁判例を否定するようなものではないため、約款等で別段の規定がなければ、民法427条により相続人の頭数で均等割ということになります。

　これについて、民法427条の特則を設けるか否かが議論されましたが、相続割合とすることと頭数で均等割とすることのいずれが保険契約者の意思に合致しているのか、いずれが公平なのか一概にはいえず、あえて民法427条の特則を設けることはしませんでした。

　いずれにしても、この点については、従来から約款が定めているところであり、保険金受取人の死亡についての規定は任意規定ですので、今後も約款の規定によることになります。

(3)　被保険者と保険金受取人の同時死亡の場合

被保険者と保険金受取人の同時死亡の場合についても、保険法上規定されていませんが、旧商法と同様、同時死亡の場合にも適用がなされるのではないかと解されています（和田・前掲139頁）。

(4) **法46条の適用により保険金受取人となった者が死亡したときの法46条の適否**

また、解釈上、指定受取人の死後、法46条の規定により保険金受取人となった相続人の相続人も法46条の適用があるのかも問題となります。

この点については、保険金受取人が指定受取人と限定されているわけではないこと、法46条ができるだけ保険金受取人がいないという事態を避けようとしている趣旨からすると、法46条の適用により保険金受取人となった者が死亡した時も、さらに法46条が適用され、その相続人が保険金受取人となるものと解されます（和田・前掲140頁）。

〔松本久美子〕

5　保険金請求権の譲渡・質権の設定

Question 36

生命保険の保険金請求権を譲渡したいのですが、留意すべき点はありますか。

Answer

保険契約者と被保険者が同一人であるか否かにかかわらず、保険金受取人が死亡保険契約における保険金請求権を譲渡する場合、被保険者の同意が必要となります（法47条）。もっとも、保険事故が発生した後にされた譲渡の場合については、被保険者の同意は不要です（法47条かっこ書）。

―――― 解　説 ――――

1　被保険者の同意

　民法上、原則として指名債権は自由に譲渡することができるものとされていますが（民法466条）、この特則として、旧商法上、保険契約者と被保険者が同一人であるか否かにかかわらず、保険金受取人が死亡保険契約における保険金請求権を譲渡する場合については、被保険者の同意が必要である旨が規定されていました（旧商法674条2項・3項）。

　これは、①保険契約が賭博的目的に使用されることや、②保険金受取人が故意に保険事故を招来したりするなどの道徳的危険（モラルリスク）が生じることを防ぐ趣旨の規定です。

　かかる商法の規定は、合理性を有することから、保険法においても、商法と同様に、被保険者の同意が必要とされています（法47条）。

　なお、かかる被保険者の同意は譲渡の有効要件ですので（法47条が「被保険者の同意がなければ、その効力を生じない」旨規定）、保険金請求権の譲渡後に被保険者の同意がなされた場合には、当該同意の時点から譲渡の効力が生じることになります。

2　保険事故や給付事由が発生した後の譲渡

　上記のとおり、保険金受取人が死亡保険契約における保険金請求権を譲渡する場合には、被保険者の同意が法律上要求されています。

　他方、保険事故が発生した後については、保険金給付請求権が通常の指名債権として具体化することになるため、保険契約が賭博的に利用されることやモラルリスクが生じるおそれはないと考えられます。

　よって、保険事故が発生した後にされた譲渡の場合については、被保険者の同意は不要であるとされています（法47条が（保険事故が発生した後にされたものを除く）旨規定）。

3　強行法規

　前述のとおり、かかる法47条の規定は、保険契約が賭博的目的に使用されることや保険金受取人が故意に保険事故を招来したりするなどの道徳的危険（モラルリスク）が生じることを防ぐための公序に関する規定ですので、その性質上強行規定とされています。

〔國吉雅男〕

Question 37

生命保険の保険金請求権に質権を設定したいのですが、留意すべき点はありますか。

Answer

保険契約者と被保険者が同一人であるか否かにかかわらず、保険金受取人が死亡保険契約における保険金請求権を目的とする質権を設定する場合、被保険者の同意が必要となります（法47条）。また、法47条の趣旨から、保険金受取人が死亡保険契約における保険金請求権を譲渡担保に供する場合にも、被保険者の同意が必要となります。もっとも、保険事故が発生した後にされた質権の設定等の場合については、被保険者の同意は不要です（法47条かっこ書）。

解　説

1　被保険者の同意

　保険法においては、①保険契約が賭博的目的に使用されることや②保険金受取人が故意に保険事故を招来したりするなどの道徳的危険（モラルリスク）が生じることを防ぐ趣旨から、保険契約者と被保険者が同一人であるか否かにかかわらず、保険金受取人が死亡保険契約における保険金請求権を譲渡する場合については、被保険者の同意が必要であるとされています（法47条、Q36参照）。

　そして、かかる趣旨は、保険金受取人が保険金請求権を目的とする質権を設定する場合にも妥当することから、法47条は、かかる質権の設定の場合にも、被保険者の同意が必要とされる旨規定しています（法47条）。

　また、保険法には明記されていませんが、かかる法47条の趣旨からすれば、保険金受取人が死亡保険契約における保険金請求権を譲渡担保に供する場合にも、被保険者の同意が必要になるものと解されます。

　なお、かかる被保険者の同意は質権設定等の有効要件ですので（法47条

が「被保険者の同意がなければ、その効力を生じない」旨規定）、保険金請求権の質権の設定等の後に被保険者の同意がなされた場合には、当該同意の時点から質権の効力が生じることになります。

2 保険事故や給付事由が発生した後の質権設定等

上記のとおり、保険金受取人が死亡保険契約における保険金請求権について質権の設定等をなす場合には、被保険者の同意が法律上要求されています。

他方、保険事故が発生した後については、保険金給付請求権が通常の指名債権として具体化することになるため、保険契約が賭博的に利用されることやモラルリスクが生じるおそれはないと考えられます。

よって、保険事故が発生した後にされた質権設定等の場合については、被保険者の同意は不要であるとされています（法47条かっこ書）。

3 強行規定

かかる法47条の規定は、保険契約が賭博的目的に使用されることや保険金受取人が故意に保険事故を招来したりするなどの道徳的危険（モラルリスク）が生じることを防ぐための公序に関する規定ですので、その性質上強行規定とされています。

〔國吉雅男〕

6 危険の減少

Question 38

危険が減少した場合、保険料の減額が認められるのでしょうか。

Answer

保険契約締結後に危険が著しく減少したときは、保険契約者は、保険者に対して、将来に向かって、保険料について、減少後の当該危険に対応する保険料に至るまでの減額を請求することができます（法11条・48条・77条）。

解　説

1　危険とは

　危険とは、損害保険においては、「損害保険契約によりてん補することとされる損害の発生の可能性」と定義され（法4条）、生命保険においては、「被保険者の死亡又は一定の時点における生存（＝保険事故）の発生の可能性」と定義され（法37条）、傷害疾病定額保険においては、「傷害疾病による治療、死亡その他の保険給付を行う要件として傷害疾病定額保険契約で定める事由（＝給付事由）の発生の可能性」と定義されています（法66条）。

　いずれの保険契約においても、保険者は、保険契約の危険度に応じた保険料負担を求めており、保険契約の継続中に保険料の算定に影響を及ぼすような危険の変動が生じた場合には、危険の変動に応じて保険契約の内容を変動させることが行われます。

2　危険が減少した場合の保険料減額請求

　保険契約締結後の危険の増加に関しては、従前から法律上の規定がありましたが、危険の減少については、①保険契約の当事者が特別の危険を斟酌して保険料の額を定めた場合において、②保険期間中にその危険が消滅

したときは、保険契約者は将来に向かって保険料の減額を請求できるとする旨の規定があるだけでした（旧商法646条）。

しかし、かかる規定は、特別の危険の存在を理由として普通より高い保険料が定められていた場合に限って保険料の減額請求を認めた規定といわれており、危険の減少一般について適用があるものではありませんでした。

そして、「特別の危険」でいうところの「特別」とは何を指すのかが明確ではないこと、また、危険の増加との均衡からすれば、特別の危険を斟酌していない場合であっても危険が減少したことによって保険料も減額することになるときは、保険料の減額請求を認めるべきであるとの批判がありました（補足説明31頁）。

そこで、保険法においては、この点を見直し、保険契約締結後に危険が著しく減少したときは、保険契約者は、保険者に対して、将来に向かって、保険料について、減少後の当該危険に対応する保険料に至るまでの減額を請求することができると定めています（法11条・48条・77条）。

この点、保険法が保険料減額請求の要件として、危険が「著しく」減少したときと限定した理由は、保険料減額請求権は保険者が負担する保険契約の危険度と保険料が不均衡となる場合に認められるべきものであるため、保険料に影響を及ぼさない軽微な危険の減少でも保険料の減額を認めるという誤解を与えてはいけないからとされています（保険法部会第23回議事録12頁9行目以下）。

また、危険減少による保険料減額請求権は形成権とされていますので、減額請求がなされた時点から減額の効果が生じることになります（福田弥夫「危険の変動」落合誠一・山下典孝編『新しい保険法の理論と実務（別冊金融・商事判例）』144頁）。

〔衛藤祐樹〕

7　片面的強行規定

Question 39

保険法における「保険契約の効力」に関する規定の中で、片面的強行規定とされているのはどの規定でしょうか。また、片面的強行規定違反が問題となる具体例についても教えてください。

Answer

保険契約の効力の規定の中で片面的強行規定とされているのは、以下の規定です。

① 第三者のためにする保険契約（法8条・42条・71条）
② 危険の減少（法11条・48条・77条）
③ 超過保険（法9条本文）【損害保険】
④ 保険価額の減少（法10条）【損害保険】

解 説

片面的強行規定を一覧にまとめると以下のようになります。

保険契約の効力		12条・49条・78条		
	片面的強行規定	条文	誰にとって不利か	片面的強行法規違反の約款の具体例
損　害	第三者のためにする保険契約	8条	被保険者	保険契約の利益を受けるためには、被保険者（保険金受取人）の意思表示が必要とする約定
生　命		42条	保険金受取人	
傷害疾病		71条		
損　害	危険の減少	11条	保険契約者	保険契約締結後に危険が低下しても保険料の減額を認めない旨の約定（補足説明31頁参照）
生　命		48条		
傷害疾病		77条		
損　害	超過保険	9条本文	保険契約者	保険金額が保険価額を超えていることについて、保険契約者に軽過失があって

| 損　害 | 超過保険 | 9条本文 | 保険契約者 | 保険契約締結後に保険価額が減少しても保険料の減額を認めない旨の約定 |

（表の前の行）「…も超過部分について取り消しできないとする約定」

1　保険契約の効力の規定中の片面的強行規定

保険契約の効力の規定の中で片面的強行規定とされている規定は、①第三者のためにする保険契約（法8条・42条・71条）、②危険の減少（法11条・48条・77条）と損害保険に関する③超過保険（法9条本文）、④保険価額の減少（法10条）です。

2　第三者のためにする保険契約（法8条・42条・71条）

(1) 規定の内容

損害保険に関し、法8条は、「被保険者が損害保険契約の当事者以外の者であるときは、当該被保険者は、当然に損害保険契約の利益を享受する」と規定しており、法12条により、この規定に反する特約で、被保険者に不利なものは無効とするとしています。生命保険、傷害疾病定額保険についても同様の規定（被保険者を保険金受取人に置き換える）があります（法49条・42条・78条・71条）。

(2) 具体例

たとえば、損害保険契約の場合で、被保険者が損害保険契約の当事者以外の者であるときに、被保険者の同意がなければ契約は成立しないという特約は、被保険者にとって不利なものといえますので、無効になると解されます。

3　危険の減少（法11条・48条・77条）

(1) 規定の内容

損害保険に関し、法11条は、「損害保険契約の締結後に危険が著しく減

少したときは、保険契約者は、保険者に対し、将来に向かって、保険料について、減少後の当該危険に対応する保険料に至るまでの減額を請求することができる」と規定しており、法12条により、この規定に反する特約で、保険契約者にとって不利なものは無効とするとされています。

生命保険、傷害疾病保険についても同様の規定があります（法49条・48条・78条・77条）。

(2) 具体例

たとえば、保険契約締結後に危険が低下しても保険料の減額を認めない旨の約定（補足説明31頁参照）は、保険契約者に不利といえますので、無効となります。

4　超過保険【損害保険】（法9条本文）

(1) 規定の内容

法9条本文は、損害保険契約の締結の時において保険金額が保険価額を超えていたことにつき保険契約者および被保険者が善意でかつ重大な過失がなかったときは、保険契約者は、その超過部分について、当該損害保険契約を取り消すことができる旨規定しており、法12条により、この規定に反する特約で、保険契約者にとって不利なものは無効とするとされています。

(2) 具体例

たとえば、保険金額が保険価額を超えている場合に、特約で、保険契約者・被保険者の主観にかかわらず常に保険契約を有効とするものは、保険契約者に不利といえますので、無効となります（補足説明33頁参照）。

5　保険価額の減少【損害保険】（法10条）

(1) 規定の内容

法10条は、「損害保険契約の締結後に保険価額が著しく減少したときは、保険契約者は、保険者に対し、将来に向かって、保険金額または約定保険価額については減少後の保険価額に至るまでの減額を、保険料については

その減額後の保険金額に対応する保険料に至るまでの減額をそれぞれ請求することができる」と規定しており、法12条により、この規定に反する特約で、保険契約者に不利なものは無効とするとされています。

(2) 具体例

たとえば、保険契約締結後に保険価額が減少しても保険料の減額を認めない旨の約定は、保険契約者にとって不利ですので、無効となります（補足説明33頁参照）。

〔松本久美子〕

IV

保険給付

1 保険事故

Question 40

保険契約の保険事故に関し、留意すべき点を教えてください。

Answer

　保険事故とは保険者の保険給付義務を具体化させる事故をいいますが、何が保険事故かということは、締結している保険契約の内容によって異なってきます。

　生命保険契約における保険事故とは、被保険者の死亡または一定の時点における生存をいうとされています（法37条）が、生命保険契約の内容や付加された特約によって、傷害や疾病の該当性や発生した事故の偶然性が問題となることも少なくありません。

　損害保険契約においては、損害と因果関係のある一定の偶然の事故として定められたものが保険事故であり、火災保険における火災、自動車保険における盗難等が典型例といえます。判例上、火災保険においては、保険金請求者は火災の発生によって損害が発生したことを主張立証すれば足り、火災発生が偶然のものであることまでは主張立証する責任がないとされています。

　傷害保険契約においては、（人の）傷害が保険事故とされ、①急激性、②偶然性、③外来性等の3要素が通常必要であるとされています。また、疾病保険契約の保険事故は、保険契約で定められた一定の（人の）疾病となります。

　なお、疾病保険契約においては、疾病の発病時期や告知義務との関係に十分に留意する必要があります。

解説

1 保険事故の意義

保険事故とは保険者の保険給付義務を具体化させる事故をいいます（山下友信『保険法』355頁）。締結している保険契約において保険事故が何かということは、当該保険契約の内容によって異なってきます。

2 生命保険契約における保険事故

(1) 生命保険契約における保険事故の定義

保険法によれば、生命保険契約とは、保険契約のうち、保険者が人の生存または死亡に関し一定の保険給付を行うことを約するもの（傷害疾病定額保険契約に該当するものを除く）をいうとされており（法2条8号）、また、生命保険契約における保険事故とは、被保険者の死亡または一定の時点における生存をいうとされています（法37条）。

つまり、生命保険契約のうち、死亡保険契約における保険事故は、保険期間内に被保険者が死亡することであり、生存保険契約における保険事故は、保険期間満了時等一定時点における被保険者の生存です。なお、養老保険などのように死亡保険契約と生存保険契約の両方を兼ね備えた保険もあります。

(2) 保険事故に該当するか否かの判断

近時の死亡保険契約においては、死亡だけではなく、傷害や疾病を原因として一定の高度障害になった場合、がん等によって余命6か月以内と判断された場合にも保険金が支払われる内容とされているものも多くありますので、これらに関連して保険事故に当たるかが問題となることも少なくありません。

このような場合においては、死亡に該当するかのみではなく、たとえば、傷害や疾病等保険事故の他の要素の意義等も踏まえて判断する必要があります。

この点、生命保険契約に付加された災害割増特約における災害死亡保険金の支払事由が、約款上「不慮の事故による死亡」とされていた事案において、最高裁平成13年4月20日判決（民集55巻2号682号）は、「災害死亡保険金の支払を請求する者は、発生した事故が偶発的な事故であることについて主張、立証すべき責任を負う。」と判示しています。

(3) 保険金支払における留意点

保険金の支払にあたっては、保険事故に当たる場合でも、当該保険契約が有効であるかどうか、免責事由に該当しないかどうかを確認する必要があることはいうまでもありません。免責事由については、Q44にて別途解説していますが、生命保険に特有の免責事由としては自殺免責（法51条1号）があります。

この点について保険法は、自殺についての免責期間を定めることなく免責されることを規定しています（法51条1号）。

この保険法の制定にあたり自殺の免責期間について一定の期間内に限定すべきかの議論が行われましたが、結局、限定を付することは見送られ、従来の商法と同様の規定になったという経緯があります。

もっとも、同規定は任意規定であるため、生命保険契約においては2年や3年の免責期間を設けて、かかる期間の経過後については保険金を支払う内容の保険契約になっていることが通常です。

3 損害保険契約における保険事故

(1) 損害保険契約における保険事故の定義と留意点

保険法によれば、損害保険契約とは、保険契約のうち、保険者が一定の偶然の事故によって生ずることのある損害をてん補することを約するものをいうとされており（法2条6号）、損害保険契約においては、保険事故とは損害保険契約によりてん補することとされる損害を生ずることのある偶然の事故として当該損害保険契約で定めるものをいうとされています（法5条1項）。

これらの規定から、損害保険契約においては、損害と因果関係のある一

定の偶然の事故として定められたものが保険事故ということができます。たとえば、火災保険においては火災が保険事故とされています。なお、従来の商法下においても「偶然なる一定の事故」（旧商法629条）とされていました。

このように保険事故は「一定の偶然の事故」である必要がありますが、損害保険契約において争われることが多いのは偶然性の要件です。この点については後述します。

保険事故は、原則として保険期間内に発生することが必要ですので、保険事故が生じた場合には、まず、保険事故が保険期間内であるかどうかを確認します。そして、保険事故が発生した場合において、そもそも当該損害保険契約が失効していれば、保険事故に該当するかの判断以前に保険者は保険金を支払う必要はないため、当該保険契約が有効であるかどうかを確認することとなります。加えて、免責事由に該当しないかどうかを確認する必要があります。

(2) 保険事故の偶然性と主張立証責任

上述のように保険事故は偶然性の要件を充たす必要がありますが、他方で、保険法においては、保険者の免責について、保険者は、保険契約者または被保険者の故意または重大な過失によって生じた損害をてん補する責任を負わない（法17条）とされています。そこで、保険事故においては、偶然性の主張立証責任が保険者または保険金請求者（保険契約者）のどちらが負担することになるのかについては保険契約ごとに判断する必要があることに留意してください。

以下では、損害保険における火災保険と自動車保険について若干具体的に検討します。

① 火災保険

火災保険について、最高裁平成16年12月13日判決（民集58巻9号2419頁）は、「約款に基づき保険者に対して火災保険金の支払を請求する者は、火災発生が偶然のものであることを主張、立証すべき責任を負わない」と判示しました。

この最高裁判例は、上記結論を導く理由の1つとして、「商法は、火災によって生じた損害はその火災の原因いかんを問わず保険者がてん補する責任を負い、保険契約者又は被保険者の悪意又は重大な過失によって生じた損害は保険者がてん補責任を負わない旨を定めており（商法665条・641条）、火災発生の偶然性いかんを問わず火災の発生によって損害が生じたことを火災保険金請求権の成立要件とするとともに、保険契約者又は被保険者の故意又は重大な過失によって損害が生じたことを免責事由としたものと解される」ことを挙げています。

　保険法においては、従来の旧商法665条の規定は削除されていますが、旧商法665条は保険法において危険普遍の原則を定めた規定であるところ、これはすべての損害保険に共通な自明の原理であるとの指摘を受けて削除されたものであり実質・内容に変更はないことから、上記最高裁判例の結論に影響を及ぼすことはないと考えられています（補足説明61頁）。

　したがって、火災保険においては、保険金請求者は、火災の発生によって損害が発生したことを主張立証すれば足り、火災発生が偶然のものであることまでは主張立証する責任がないことになります。

②　自動車保険

　イ　盗難

　盗難が保険事故とされる自動車保険において、最高裁平成19年4月17日判決（民集61巻3号1026頁）は、「一般に盗難とは、占有者の意に反する第三者による財物の占有の移転であると解することができるが、上記のとおり、被保険自動車の盗難という保険事故が保険契約者、被保険者等の意思に基づいて発生したことは、本件条項2により保険者において免責事由として主張、立証すべき事項であるから、被保険自動車の盗難という保険事故が発生したとして本件条項1に基づいて車両保険金の支払を請求する者は、「被保険者以外の者が被保険者の占有に係る被保険自動車をその所在場所から持ち去ったこと」という外形的な事実を主張、立証すれば足り、被保険自動車の持ち去りが被保険者の意思に基づかないものであることを主張、立証すべき責任を負わないというべきである。」と判示しまし

た。

　また、この判例に続く最高裁平成19年4月23日判決（金融・商事判例1279号39頁）は、「一般に盗難とは、占有者の意に反する第三者による財物の占有の移転をいうものと解することができる」とした上記判例と同様の判示をした後、「被保険自動車の盗難という保険事故が発生したとして本件条項に基づいて車両保険金の支払を請求する者は、被保険自動車の持ち去りが被保険者の意思に基づかないものであることを主張、立証すべき責任を負うものではない。しかしながら、上記主張立証責任の分配によっても、上記保険金請求者は、「被保険者以外の者が被保険者の占有に係る被保険自動車をその所在場所から持ち去ったこと」という盗難の外形的な事実を主張、立証する責任を免れるものではない。そして、その外形的な事実は、「被保険者の占有に係る被保険自動車が保険金請求者の主張する所在場所に置かれていたこと」および「被保険者以外の者がその場所から被保険自動車を持ち去ったこと」という事実から構成されるものというべきである」と判示し、さらに、「保険金請求者は、盗難という保険事故の発生としてその外形的な事実を立証しなければならないところ、単に上記「矛盾のない状況」を立証するだけでは、盗難の外形的な事実を合理的な疑いを超える程度にまで立証したことにならないことは明らかである」として「矛盾のない状況」が立証されているので盗難の事実が推定されるとした原審の判断は主張立証責任の分配に実質的に反する旨を判示しました。

　このように、平成19年4月23日の最高裁判例は、平成19年4月17日の最高裁判例の判示から一歩踏み込んだ判示をしていますが、この2つの最高裁判例からは、次のことが導かれます。

① 「盗難」の主張立証責任は保険金請求者が負う、すなわち、保険金請求者には、「被保険者以外の者が被保険者の占有に係る被保険自動車をその所在場所から持ち去ったこと」という盗難の外形的な事実の主張立証責任があるということ

② 盗難の外形的な事実は、「被保険者の占有に係る被保険自動車が保

険金請求者の主張する所在場所に置かれていたこと」および「被保険者以外の者がその場所から被保険自動車を持ち去ったこと」という事実から構成されるということ
③　保険金請求者は、被保険自動車の持ち去りが被保険者の意思に基づかないものであることを主張、立証すべき責任を負うものではないこと
④　保険金請求者は盗難の外形的な事実の立証にあたっては、単に矛盾のない状況を立証するだけでは足りず、盗難の外形的な事実を合理的な疑いを超える程度にまで立証する必要があること

　上記①～④は、今後、保険事故に該当するかの判断の際に具体的な基準を示すものですので、実務上参考になるものといえます。
　ロ　車体に傷がつけられた事案
　最高裁平成18年６月６日判決（金融・商事判例1255号54頁）は、「衝突、接触……その他偶然な事故」を保険事故とする自動車保険契約の約款に基づき、車両に傷がつけられたことが保険事故に該当するとして、車両保険金の支払を請求した事案において、「車両保険金の支払を請求する者は、事故の発生が被保険者の意思に基づかないものであることについて主張、立証すべき責任を負わないというべきである」とし、盗難や火災の事案と同様の判示をしました。
　この観点からは、事故の発生が被保険者の故意・重過失に基づくことは、保険金請求を拒む免責事由として保険者において主張立証すべきということになりますので、保険事故に該当するかどうかについては、かかる観点を考慮に入れて判断する必要があることに留意してください。

3　傷害疾病保険契約・疾病損害保険契約における保険事故

(1)　傷害疾病保険の意義

　傷害疾病保険は、第三の分野の保険といわれ、旧商法のもとにおいては傷害疾病保険についての規定は置かれていませんでした。保険法においては、傷害疾病保険契約について、損害保険としての性質を有する「傷害疾

病損害保険契約」と定額保険としての性質を有する「傷害疾病定額保険契約」とに2分したうえで、新たな規定が設けられた点に大きな特徴があります。

傷害疾病損害保険契約は、「損害保険契約のうち、保険者が人の傷害疾病によって生ずることのある損害（当該傷害疾病が生じた者が受けるものに限る）をてん補することを約するものをいう」とされており（法2条7号）、保険法上損害保険の一種として扱われていることがわかります。特に、傷害疾病によって具体的に生じた損害をてん補する内容の保険契約であり、通院時の治療費について保険給付がなされる場合などが典型といえるでしょう。

他方、傷害疾病定額保険契約は、「保険契約のうち、保険者が人の傷害疾病に基づき一定の保険給付を行うことを約するものをいう」とされています（法2条9号）。つまり、個々の傷害疾病に基づく具体的な損害とは無関係に一定の保険給付がなされる保険契約です。なお、保険法上、傷害疾病定額保険契約は、生命保険契約から除外されています（法2条8号）。

(2) 傷害保険契約と保険事故

① 傷害保険契約

傷害損害保険契約は、損害保険契約のうち、保険者が人の傷害によって生ずることのある損害（当該傷害が生じた者が受けるものに限る）をてん補することを約する保険契約であり（法2条7号）、傷害定額保険契約は、保険契約のうち、保険者が人の傷害に基づき一定の保険給付を行うことを約する保険契約（法2条9号）をいいます。

この定義からも明らかなように、傷害保険契約の保険事故は（人の）傷害であるのが通常です。もっとも、約款上、保険事故が、たとえば「傷害により後遺症が発生した」などのように規定されている場合には、傷害は保険事故そのものではなく保険事故の一要素となります。

② 傷害

保険事故あるいはその一要素としての傷害の定義については、「生命保険会社と損害保険会社とで相違があるが、急激かつ偶然な外来の事故によ

る身体障害であるという点では共通する」とされており（山下・前掲449頁）、裁判で問題となった事案についての保険約款上も「急激かつ偶然の外来の事故で身体に傷害を受けたこと」と規定されているものがあります。このように、①急激性、②偶然性、③外来性等3要素を満たす事故による身体傷害が保険事故あるいはその一要素としての傷害ということができます。

③　最高裁平成19年7月6日判決

このうち外来性の要件に関して争われた事案において、最高裁平成19年7月6日判決（民集61巻5号1955号）は、「請求者は、外部からの作用による事故と被共済者の傷害との間に相当因果関係があることを主張、立証すれば足り、被共済者の傷害が被共済者の疾病を原因として生じたものではないことまで主張、立証すべき責任を負うものではないというべきである。」と判示しました。

この事案は、被共済者がもちをのどに詰まらせて窒息し、低酸素脳症による後遺障害が残ったとして、災害補償共済の災害補償に関する規約に基づき、補償費の支払を請求した事案ですが、本件共済規約は、この補償の免責規定として、被共済者の疾病によって生じた傷害については補償費を支払わない旨の規定を置いていたため、疾病に基づく傷害か否かに関して外来性の要件が問題となったものです

この判例は共済契約について判示したものですが、「高裁判断が分かれていた傷害保険普通約款に関する論点にも実質的に射程が及ぶものと解され、重要な意義を有するものと思われる」と評釈されており（判例タイムズ1251号150頁〔同判決のコメント〕）、傷害保険契約についての重要な判例ということができます。

(3)　疾病保険契約と保険事故

①　疾病保険契約

疾病損害保険契約は、損害保険契約のうち、保険者が人の疾病によって生ずることのある損害（当該疾病が生じた者が受けるものに限る）をてん補することを約する保険契約であり（法2条7号）、疾病定額保険契約は、保

険契約のうち、保険者が人の疾病に基づき一定の保険給付を行うことを約する保険契約（法2条9号）をいいます。

　この定義からも明らかなように、疾病保険契約の保険事故は、保険契約で定められた一定の（人の）疾病となります。この疾病の定義については、保険契約に規定があればその規定によることになりますが、傷害保険契約の傷害とは異なり定義がなされていない場合もあります。このような場合について、山下教授は、社会通念に従って解釈されることとなるとしつつ、「病気よりは広い意味であり、身体の異常な状態のうち傷害を除いたものが実態に近いのではないかと思われる」とされています（山下・前掲456頁）。

　本稿の傷害保険の保険事故の箇所において紹介した最高裁平成19年7月6日判決も、まさにこの山下教授の指摘を前提として争われた事案ということができます。

　②　疾病保険契約においては、保険金の支払の有無をめぐっては、疾病という保険事故そのものというよりも、保険事故に該当する一定の疾病が、保険契約の前に発病していたかどうかで問題となるケースが多いといえます。通常、疾病保険契約においては契約前の発病については保険金支払いの対象とされていないことが一般だからです。その意味で、疾病保険契約においては、疾病の発病時期や告知義務との関係に十分に留意する必要があります。

〔吉田伸哉〕

2 損害保険における損害発生時の通知義務

Question 41

保険事故が発生した場合、保険者に通知しなければならないと聞いていますが、いつまでに保険者に通知したらよいのでしょうか。通知を怠った場合、何か不利益はあるのでしょうか。

Answer

保険契約者等は、保険事故により損害が生じたことを知ったときは、遅滞なく、保険者に対し、その旨を通知しなければなりません。ただ、かかる通知義務違反の効果について保険法上に規定はありません。通知義務違反については、一般的に、個別の保険契約の約款において定められていますので、基本的には約款の規定内容に従うことになります。もっとも、約款の適用は限定的になる旨の判例もあります。

―――― 解 説 ――――

1 損害発生の通知

損害保険について、法14条は「保険契約者又は被保険者は、保険事故による損害が生じたことを知ったときは、遅滞なく、保険者に対し、その旨の通知をしなければならない。」と規定しています。なお、生命保険について、法50条は「死亡保険契約の保険契約者又は保険金受取人は、被保険者が死亡したことを知ったときは、遅滞なく、保険者に対し、その旨を通知しなければならない。」と規定しています。そして、傷害疾病定額保険について、法79条は「保険契約者、被保険者又は保険金受取人は、給付事由が発生したことを知ったときは、遅滞なく、保険者に対し、その旨の通知を発しなければならない。」と規定しています。

保険事故により損害が生じた場合、保険者は損害てん補義務を負うことになりますが、保険事故による損害の発生は、保険契約者において把握している情報であるため、保険者がその情報を入手することは一般的には容

易ではありません。そのため、保険契約者側に保険事故による損害発生について保険者に通知する義務を課すこととしたのです。

2　損害発生の通知義務違反の場合の不利益

　保険法上、損害発生の通知義務違反の効果に関する規定は設けられていません。しかし、保険契約において保険事故は被保険者側の事情によるものである以上、通説は、かかる通知義務を真正の債務と解し、通知義務違反により保険者が損害を被れば、保険契約者側は損害賠償責任を負い、保険者は支払うべき保険金額からその損害を控除することができると解しています（大森忠夫『保険法〔補訂版〕』168頁）。もっとも、その損害等を保険者が立証するのは困難であるため、保険事故についての通知義務については、一般的に保険約款にも規定されており、その約款の中には通知義務を怠った場合のペナルティが規定されている場合があります。

　たとえば、自家用自動車保険普通保険契約に適用される自家用自動車保険普通約款には、保険契約者または被保険者が事故の発生を知ったときには事故発生の日時、場所、事故の状況、損害または傷害の程度、被害者の住所、氏名等を遅滞なく書面で保険者に通知すべきである旨規定し、対人事故の場合の特則として、保険者が保険契約者または被保険者から上記の事故通知を受けることなく、事故発生の日から60日を経過した場合には、保険契約者または被保険者が過失なくして事故の発生を知らなかったときまたはやむをえない事由により上記期間内に事故通知ができなかったときを除いて、保険者は事故に係る損害をてん補しない旨を規定している場合があります。

　このように、個別の保険契約における約款において、いつまでに通知しなければならないのか、通知を怠った場合、どのような不利益があるのかについて規定されています。

3　通知義務違反に関する約款の効力

　もっとも、判例上、このような約款の効力が全面的に認められているわ

けではありません。最高裁判例によると、「保険契約者又は被保険者が保険金を詐取し、又は、保険者の事故発生の事情の調査、損害の填補責任の有無の調査若しくは填補額の確定を妨げる目的等保険契約における信義誠実の原則上許されない目的のもとに事故通知をしなかった場合においては保険者は損害の填補責任を免れるというべきであるが、そうでない場合においては、保険者が前記の期間内に事故通知を受けなかったことにより損害のてん補責任を免れるのは、事故通知を受けなかったことにより損害を被ったときにおいて、これにより取得する損害賠償請求権の限度においてであるというべき」と判示しています（最判昭和62・2・20民集41巻1号159頁）。

4 まとめ

以上を整理しますと、以下のようになります。

①　約款で規定されている期間内に事故通知を行えば、問題はありません。

②　約款で規定されている期間内の通知を怠った場合で、かつ、それが保険契約における信義誠実の原則上許されない目的のもとに事故通知をしなかった場合など例外的な場合は、約款どおり保険者が全部免責される可能性があります。

③　約款で規定されている期間内に通知できなかった場合でも、②のような例外的な場合以外であれば、保険者が損害のてん補責任を免責されるのは、通知を受けなかったことにより保険者が被った損害額を限度とされる、ということになります。

〔衛藤祐樹〕

3 損害保険における損害発生後の目的物の損害・滅失

Question 42

保険事故による損害発生後、目的物が保険事故とは関係のない事情で滅失しました。この場合でも保険金を受け取ることはできるのでしょうか。

Answer

保険事故による損害発生後、目的物が保険事故とは関係のない事情で滅失した場合でも、保険金受取人は保険金を通常どおり受け取ることができます。

―――― 解　説 ――――

　地震保険がついていない火災保険がかけられていた場合に、火災保険契約の目的物である家屋が半焼し、その後、当該家屋が地震で全壊した場合のように、保険事故による損害発生後に目的物が滅失することがありえます。

　このような場合に、保険事故（上記の事例では火災が保険事故に当たる）による保険金を受け取ることができるかについては、法15条に、以下の規定が置かれています。

> （損害発生後の保険の目的物の滅失）
> 第15条　保険者は、保険事故による損害が生じた場合には、当該損害に係る保険の目的物が当該損害の発生後に保険事故によらずに滅失したときであっても、当該損害をてん補しなければならない。

　保険事故が起こり、保険者がてん補すべき損害が生じた場合、保険者のてん補義務は、損害の発生と同時に発生し、その内容も確定します。そのため、保険事故による損害発生後に目的物が滅失したとしても、保険者のてん補義務が消滅しないことは法律上当然のことであり、上記の規定はこれを確認的に規定したものにすぎないと考えられています。

　この法15条の規定は、旧商法659条の規定を維持したものですが、保険法制定の過程では、当該規定は当然のことを規定したものであり、削除し

てもよいのではないかとの指摘もなされていたようです（保険法部会第3回議事録40頁～41頁）。

　しかし、最終的には、保険者に保険金支払義務がいったん発生した以上は、その保険金支払義務は消滅しないことを明確にする趣旨から、保険法においても上記の規定が設けられました。

　本条はいわゆる片面的強行規定であり、本条に違反する特約で被保険者に不利なものは無効とされます（法26条）。そのため、損害保険契約において、保険事故による損害発生後に目的物が滅失した場合に保険金支払義務の全部または一部を免除する特約を設けたとしても、かかる特約は無効となります。

〔山田威一郎〕

4　火災保険契約による損害てん補の特則

Question 43

火災保険契約において、保険事故による損害以外に保険給付を受け取ることができるのはどのような場合でしょうか。

Answer

火災保険においては、法16条に特別の規定があり、保険事故による損害のほか、消火、避難その他の消防の活動のために必要な処置によって保険の目的物に生じた損害についても保険給付の対象になるとされています。もっとも、保険法の上記規定は、強行規定ではないため、契約でこれと異なる定めをすることも適法であり、保険契約に、かかる損害のてん補をしないとの内容が盛り込まれていた場合には、上記の保険給付を受けることはできません。

――――――解　説――――――

1　法16条の火災保険契約による損害てん補の特則

　火災保険とは、火災を保険事故とする損害保険の一類型です。

　火災保険がかけられていた場合、保険者は、保険事故である火災によって生じた損害をてん補する義務を負うことになりますが、法16条は、保険事故が発生していないときであっても、消火、避難その他の消防の活動のために必要な処置によって保険の目的物に生じた損害については保険者が損害てん補義務を負う旨の特則規定を置いています。

> （火災保険契約による損害てん補の特則）
> 第16条　火災を保険事故とする損害保険契約の保険者は、保険事故が発生していないときであっても、消火、避難その他の消防の活動のために必要な処置によって保険の目的物に生じた損害をてん補しなければならない。

2 法16条の趣旨

上記の規定は、旧商法666条の「消防又ハ避難ニ必要ナル処分ニ因リ保険ノ目的ニ付キ生シタル損害ハ保険者之ヲ填補スル責ニ任ス」との規定を維持したものです。

旧商法666条の趣旨については、

① 消防・避難活動による損害は、火力の燃焼それ自体による損害ではないものの、火災に伴い通常当然に生ずべき損害であり、同条は当然のことを定めた注意的な規定であるとする見解（石田満『商法Ⅳ（保険法）〔改訂版〕』221頁参照）

② 消防・避難活動による損害は理論上、保険者の当然負担すべき直接損害に属さないが、法が特別に保険者に負担させることにした規定であるとする見解（田中誠二・原茂太一『新版保険法（全訂版）』222頁）

が対立していましたが、いずれの見解をとるにしても、これらの損害を保険者がてん補すべきとする旧商法の規定には合理性があると考えられていました。また、実務上も、消防、避難による損害を火災保険契約におけるてん補の対象とすることが通例であったため、保険法においても旧商法の規定が基本的に維持されることになったものです。

3 法16条の要件

(1) 保険事故（火災）の発生は不要

法16条は、「保険事故が発生していないときであっても」と規定しているため、保険事故（火災）が発生していない場合であっても、保険者は一定の損害てん補義務を負うことになります。

そのため、たとえば、隣家に火災が発生し、保険の目的物たる建物に延焼する前に、延焼を防ぐためになされた消防活動によって生じた損害等についても、保険者が損害てん補義務を負うことになります。

旧商法666条においては、この点が明文上明らかでなかったため、同条は保険の目的物に火災が発生したことを前提としており保険の目的物に延

焼する前の消火活動による損害は同条のてん補の対象にならないとの考え方も有力でした（保険法部会第4回議事録31頁）。保険法では、目的物への延焼前の損害についてもてん補対象となることが明確化されています。

(2) 消火、避難その他の消防の活動のために必要な処置

法16条によって保険者がてん補すべき損害は、「消火、避難その他の消防の活動のために必要な処置」によって生じた損害であり、ここでいう「必要な処置」とは、消防または避難のために客観的に必要な処置に限られます。

そのため、保険の目的物に火災が発生する危険または延焼する危険が客観的に存在しない場合には、主観的に消防または避難の目的で当該処置が行われていたとしても、損害のてん補対象にはならないと考えられています。

4　本条の性質－任意規定

本条の規定は任意規定とされています。

そのため、保険会社としては、消防や避難によって生じた損害をてん補しないとの特約や一定の限度で損害をてん補するとの特約を設けておけば、法16条に基づく損害のてん補の範囲を限定することが可能となります。

〔山田威一郎〕

5　保険者の免責

Question 44

保険金の給付が免責されるのはどのような場合でしょうか。

Answer

　損害保険において、保険者は、①保険契約者または被保険者の故意または重大な過失によって生じた損害、②戦争その他の変乱によって生じた損害について、免責されます（法17条1項）。

　生命保険において、保険者は、①被保険者が自殺をしたとき、②保険契約者が被保険者を故意に死亡させたとき、③保険金受取人が被保険者を故意に死亡させたとき、③戦争その他の変乱により被保険者が死亡したときに、免責されます（法51条）。

　傷害疾病定額保険において、保険者は、①被保険者が故意または重大な過失により給付事由を発生させたとき、②保険契約者が故意または重大な過失により給付事由を発生させたとき、③保険金受取人が故意または重大な過失により給付事由を発生させたとき、④戦争その他の変乱によって給付事由が発生したときに、免責されます（法80条）。

――――――――― 解　説 ―――――――――

1　損害保険契約における保険者の免責事由

　損害保険契約に関して、保険者は、①保険契約者または被保険者の故意または重大な過失によって生じた損害、②戦争その他の変乱によって生じた損害については、これをてん補する責任を負いません（法17条1項）。

　なお、損害保険契約のうち、被保険者が損害賠償の責任を負うことによって生ずることのある損害をてん補する契約（責任保険契約）については、①保険契約者または被保険者の故意によって生じた損害についてのみ、保険者は免責されるものと規定されており、通常の損害保険契約より、免責される範囲が狭くなっています（法17条2項）。

以上が法定された免責事由ですが、保険法は、保険者の免責の規定を任意規定としているため、約款で法定の免責事由以外の免責事由を定めることや法定の免責事由を免責事由としない約款も認められます。

　もっとも、法定の免責事由以外の免責事由を定める場合、解除事由を定める片面的強行規定の趣旨を潜脱するような約定は当該片面的強行規定により無効となります（たとえば、危険増加があれば一律に保険者を免責するといった約定は、危険増加による解除を一定の場合に限定した法29条の趣旨を潜脱するものといえ、認められない）。

　なお、損害保険における故意免責は、保険事故発生の偶然性を確保するための1つの選択肢とされ、それを定めないと公序良俗違反となるものではないと解されています（吉澤卓哉「損害保険契約のおける保険者免責」落合誠一・山下典孝編『新しい保険法の理論と実務（別冊金融・商事判例）』179頁）。

2　生命保険および傷害疾病定額保険における保険者の免責事由

　生命保険において、保険者は、①被保険者が自殺をしたとき、②保険契約者が被保険者を故意に死亡させたとき、③保険金受取人が被保険者を故意に死亡させたとき、③戦争その他の変乱により被保険者が死亡したときに、免責されます（法51条）。

　傷害疾病定額保険において、保険者は、①被保険者が故意または重大な過失により給付事由を発生させたとき、②保険契約者が故意または重大な過失により給付事由を発生させたとき、③保険金受取人が故意または重大な過失により給付事由を発生させたとき、④戦争その他の変乱によって給付事由が発生したときに、免責されます（法80条）。

　以上が法定された免責事由ですが、保険法は、保険者の免責の規定を任意規定としているため、約款で法定の免責事由以外の免責事由を定めることは可能です。

　生命保険・傷害疾病定額保険の場合も損害保険と同様、解除事由を定める片面的強行規定の趣旨を潜脱するような約定は無効となります。また、

法定の免責事由に該当する場合でも保険金を支払う約定については公序良俗違反とならないか注意する必要があります。

〔衛藤祐樹〕

6　損害保険における損害の算定

Question 45

損害保険によっててん補すべき損害額の算定方法について、保険法上どのような規定がありますか。

Answer

保険法では、損害保険によっててん補すべき損害額の算定方法について、損害が生じた地（地域）における、その時点の目的物の価額（時価）であることが原則とされています。もっとも、この規定は任意規定ですので、保険給付によりてん補すべき金額を同種同等のものの再調達価格とすることも有効とされています（新価保険）。したがって、新価保険の場合には上記目的物の価格から算定された再調達価格が保険給付額となります。

これらとは異なり、保険契約の当事者間で、てん補すべき損害額を約定している場合があります。この場合には、利得禁止の原則に反しない限り、約定保険価格が保険給付の額とされます。

――――― 解　説 ―――――

1　目的物の価格の算定方法

損害保険契約において、保険事故が保険期間中に発生したことによって損害が生じたときは、保険者は、保険金額の限度において、金銭の支払その他の給付によりその損害をてん補する責任を負います（中間試案 8 頁）。それ故、損害保険契約の締結時のみならず保険契約に基づく保険給付の際にも、損害保険の目的物の価額（保険価額という。法 9 条）の算定が重要となってきます。

損害保険契約において、損害のてん補のための保険給付は、修理サービスや同等品の提供（補足説明 8 頁）などの現物給付も可能とされていますが、金銭の支払であることが通常です。そこで、損害保険の目的物の価額

をどのように算定するのかが問題となります。

　この点、保険法は「損害保険契約によりてん補すべき損害の額（以下この章において「てん補損害額」という）は、その損害が生じた地及び時における価額によって算定する」（法18条1項）と規定し、旧商法638条1項の規定を維持しています。

　つまり、てん補損害額の算定については、損害が生じた地（地域）における、その時点の価額（時価）によるものとしています。かかる保険法の規定は任意規定とされています（中間試案8頁）。

　もっとも、保険法は、具体的にどのような方法で損害額を算定するかについては特段の規定を設けていませんので、この点については、利得禁止原則に反しない範囲で当事者が自由に選択することができると解されています。実務上は、特段の定めがない限り、全損の場合には目的物の評価額、分損の場合には修理費用等の額に基づいて算定をするのが一般的といわれています（補足説明37頁）。

　このように損害保険契約においては、実際に生じた損害は目的物の評価額とするのが一般的ですが、目的物の評価額の損害のてん補を受けたとしても同種同等のものを再調達するにはてん補を受けた金額よりも多くの金額が必要であることが一般的です。そこで、損害のてん補を再調達価格とする保険も利得禁止原則に反せず有効であるとされています（新価保険）。

2　評価済保険

　上記とは異なり、保険法は「約定保険価額があるときは、てん補損害額は、当該約定保険価額によって算定する。ただし、当該約定保険価額が保険価額を著しく超えるときは、てん補損害額は、当該保険価額によって算定する。」（法18条2項）と規定しています。

　旧商法上においても、協定保険価額を定めた場合には、原則としてその価額が損害額の算定基準となると解されていることから、これを明確にしたのが法18条2項本文であり、旧商法639条の規律を基本的に維持しているものです（補足説明37頁）。

この規定の趣旨については、損害発生後における損害額の算定は一般に困難をともなうこともあること等から、当事者の意思を尊重して、保険価額の協定に拘束力を認める一方で、利得禁止の趣旨から、協定保険価額が損害発生時の保険価額を著しく超えることを保険者が証明した場合には、保険者によるてん補額の減額請求を認めることとしたものであると説明されています（補足説明37頁）。

　なお、同補足説明においては、保険者の減額請求権の法的性質は形成権であり、その行使によっててん補額は当然に減額されることになるとされています（補足説明同頁）。

　このように評価済保険の場合は、損害保険契約の当事者で保険価額を定めたときは、保険者がてん補すべき損害の額は、当該保険価額によって定めるものとされますので、上記１の損害の算定の原則に対する例外的規定ということができます。

　なお、法18条２項本文は任意規定とされていますが、同項ただし書の規律に反する約定が利得禁止原則により効力を否定されることもあると考えられるとされています（中間試案10頁）。同項ただし書は、利得禁止原則との関係から、強行法規と解すべきと考えます（上松公孝『新保険法（損害保険・傷害疾病保険）逐条改正ポイント解説』63頁によると保険法18条２項は強行規定であり、他の部分は任意規定とされているが、実質的に同旨と考えられる）。

3　費用の負担

　損害保険契約において、保険事故により損害が生じた場合、保険者は被保険者に対して損害をてん補する必要があります。それゆえ、損害保険契約において、てん補損害額の算定に必要な費用は、保険者の負担とされています（法23条１項１号）。

〔吉田伸哉〕

Question 46

　一部保険で、保険事故による損害が生じた場合、保険者に請求できる保険金の額の計算方法について教えてください。
【事例】保険価額1,000万円の建物について、保険金額500万円の火災保険を付保していました。建物が半焼し、500万円の損害が生じた場合、保険金はいくらとなりますか。

Answer

　一部保険について保険法は旧商法の規律を引き継ぎ、比例按分主義を採用しましたので、保険事故による損害が生じた場合、保険者に請求できる保険金の額の計算方法は、全損であれば保険者に請求できる保険金額に部分損の割合を乗じた金額が基本となります。

　もっとも、上記保険法の規定は任意規定ですので、保険金額を上限として実際に生じた損害額までてん補するという実損てん補主義の特約も有効です。このような特約がある場合には、保険金額に充つるまでの実損額を保険金として請求できることになります。

　なお、わが国の火災保険においては、保険金額を保険価額の80%以上とする限り実損てん補とし、80%未満の場合においては、損害額に保険金額の保険価額の80%に対する割合を乗じた額を支払保険金額とすることで、比例按分主義よりも支払保険金額を多くする方式が採用されているといわれていますので、保険金の請求にあたっては、締結している火災保険の約款等で確認する必要があります。

――――― 解　説 ―――――

1　一部保険

　一部保険とは、「保険金額が保険価額（約定保険価額があるときは、当該約定保険価額）に満たない」場合の保険をいいます（法19条）。一部保険か否かは、保険事故発生時の保険価額（損害保険の目的物の価額）において判断

されるとするのが通説とされています（山下友信・竹濱修・洲崎博史・山本哲生著『保険法第2版』103頁）。上記の事例でいえば、保険価額は1,000万円、保険金額は500万円となります。このような一部保険では、たとえば、上記事例の建物が全焼した場合、損害額は1,000万円となりますので、保険金額500万円の火災保険ではその保険金が満額支払われた場合でも損害の全部をてん補することはできません。

では、上記事例のように、建物が半焼した場合はどのように考えるのでしょうか。

この点についての損害のてん補に対する考え方としては、①保険金額の保険価額に対する割合により損害をてん補する（中間試案10頁）という考え方（比例按分主義）と、②保険金額の限度において損害の全部をてん補する（萩本修「新しい保険法の概要」商事法務1839号32頁）という考え方（実損てん補主義（萩本・前掲同頁））がありうるところです。

2　保険法の立場

保険法の制定過程において、中間試案においても両者の考え方に対する意見が出されましたが、保険法は、旧商法の規定を維持し、「保険者が行うべき保険給付の額は、当該保険金額の当該保険価額に対する割合をてん補損害額に乗じて得た額とする」（法19条）と規定し、比例按分主義の考え方を採用しています。

この比例按分主義は、一般に、全部保険に相当する保険料を負担した保険契約者と一部保険に相当する保険料しか負担していない保険契約者との公平を図るためとか、保険契約者は保険金額の範囲で保険者にリスクの移転をし、保険金額を超える部分についてはいわゆる自家保険としたものであるため、現に生じた損害についても、その割合に応じて保険者からてん補を受けることとするのが合理的との説明がされているところです（補足説明38頁）。

保険法の比例按分主義を前提とすると、上記事例の場合の保険金は次の算式により250万円となります。

（算式）　500万円（損害）×500万円（保険金額）÷1000万円（保険価額）

　もっとも、比例配分主義を定めた法19条は任意規定とされています。そこで、実損てん補主義を定めた契約も有効です。

　そこで、火災保険の約款に実損てん補主義を定めた特約があった場合、上記事例における保険金は500万円となります。これは、保険価額1,000万円の建物について500万円の損害が生じていますので、てん補されるべき金額は500万円となります。ここで保険金額は500万円が上限ですので500万円の損害について全額てん補されることになるからです。

　なお、わが国の火災保険においては、普通保険約款において、保険金額を保険価額の80％以上とする限り実損てん補とし、80％未満の場合においては、損害額に保険金額の保険価額の80％に対する割合を乗じた額を支払保険金額とすることで、比例按分主義よりも支払保険金額を多くする方式が採用されているといわれています（山下友信『保険法』399頁、田辺泰平・坂口光男『注釈 住宅火災保険普通保険約款』108頁）。

　この約款がある場合、上記事例の保険金は次の算式により312万5,000円となります。

500万円（損害）×500万円（保険金額）÷（保険価額1,000万円×80％）＝312万5,000円

〔吉田伸哉〕

Question 47

重複保険の場合、誰にいくらの請求ができるのでしょうか。各保険者がてん補すべき損害額について教えてください。また、同時に複数の保険を締結した場合と、順次締結した場合とで、請求できる相手や額に違いがありますか。

【事例】2,000万円の建物に、保険者Aが保険金額2,000万円、保険者Bが保険金額1,500万円、保険者Cが保険金額500万円の保険契約を締結していましたが、建物が火事で半焼し1,000万円の損害が生じました。各保険会社に対して、いくらの請求ができますか。

Answer

保険法においては、重複保険も有効とされますので、各保険契約を有効としたうえで、被保険者は各保険者に対して、当該損害保険契約によりてん補すべき損害額の全額について保険給付を請求できます（半焼については保険金額に一部損害の割合を乗じた金額）。したがって、上記の事例では、被保険者は、保険者Aに対して1,000万円、保険者Bに対して750万円、保険者Cに対して250万円の保険金請求をできることになります。そのうえで、保険者の被保険者に対する保険給付の合計が1,000万円となった場合には、被保険者はこれを超えて保険給付を受けることはできず各保険者は共同の免責を受けますので、保険者のうち保険給付をなしたものは自己の負担部分を超える部分について、各保険者の負担部分に応じて他の保険者に求償できることになります。

保険法は、旧商法の規律と異なり、同時に複数の保険を締結した場合と、順次締結した場合とで、請求できる相手や額に違いがないように規定しましたので、それぞれの場合において違いはありません。

解説

1 設問前段について

(1) 重複保険の場合、請求先と請求金額

　重複保険とは、損害保険契約によりてん補すべき損害について他の損害保険契約がこれをてん補することとなっている場合（法20条1項）すなわち、同一の目的物につき、被保険利益、保険事故、保険期間が重なる複数の損害保険契約が存在し、各契約の保険金額の合計が保険価額を超える場合（山下友信・竹濱修・洲崎博史・山本哲生著『保険法第2版』107頁）をいいます。

　損害保険契約は、保険契約のうち、保険者が一定の偶然の事故によって生ずることのある損害をてん補することを約するもの（法2条6号）ですので、損害のてん補を超えて利得を得ることは禁止されています（利得禁止原則）。ですから、重複保険においては、各契約の保険金額の合計が保険価額を超えることとなりますのでこの利得禁止原則との関係で規律が必要となります。

　後述するように、旧商法においては、同時に複数の保険を締結した場合（同時重複保険・旧商法632条）と、複数の保険が時を異にして順次締結した場合（異時重複保険・同法633条・634条）とで、異なる規定をおいたうえで、保険価額を超える契約を無効としていました。しかし、保険法においては、このような重複保険についても各保険契約を有効としたうえで、被保険者は、各保険者に対して、当該損害保険契約によりてん補すべき損害額の全額について保険給付を行うべきものと規定されることになりました。

　それ故、重複保険の場合においても、被保険者は、各保険者に対して、他の損害保険契約がないものとして算定した保険金を請求することができます。

　上記事例において、保険価額2,000万円の建物について、保険者Aとの

間で保険金額2,000万円とする保険契約（保険契約A）、保険者Bとの間で保険金額1,500万円とする保険契約（保険契約B）、保険者Cとの間で保険金額500万円とする保険契約（保険契約C）が締結されていた場合（いずれも新価保険や評価済保険ではないとする）においては、被保険者は、保険者Aに対して1,000万円、保険者Bに対して750万円、保険者Cに対して250万円の保険金請求をできることになります。

もっとも、上記事例では、各保険者の保険金額の合計は2,000万円であるのに対し、損失は1,000万円にとどまりますので、保険者の保険給付の合計が1,000万円となった場合には、被保険者はこれを超えて保険給付を受けることはできません（中間試案10頁）。

(2) **各保険者がてん補すべき損害額**

上記のように各保険者がてん補すべき損害額は、他の保険契約がないものとして仮定して算定した自己の契約に基づいて保険者が支払うべき保険金の額（いわゆる独立責任額）（補足説明40頁）となりますが、保険者の1人がてん補すべき金額を全額支払ったときには、被保険者はこれを超えて保険給付を受けることはできませんので（中間試案10頁）各保険者は共同で免責されることになります。

この場合、当該保険者は、自己の負担部分を超える部分に限り、他の保険者に対し、各自の負担部分について求償権を有することとなります（法20条2項）。

上記事例において、各保険者の負担部分は、保険者Aが500万円、保険者Bが375万円、保険者Cが125万円となりますので、保険者Aが被保険者に1,000万円を支払った場合には、保険者Bに対して375万円、保険者Cに対して125万円を求償することができます。

2 設問後段について

(1) **旧商法における規律**

旧商法においては、同時に複数の保険を締結した場合（同時重複保険・旧商法632条）と、複数の保険が時を異にして順次締結した場合（異時重複

保険・同法633条・634条）とで、異なる規定を置いていました。すなわち、旧商法においては、同時重複保険の場合には、各契約がそれぞれの保険金額の割合に応じて一部無効となり（いわゆる按分主義）、異時重複保険の場合には、後に締結された契約は、前の契約の保険金額が保険価額に不足する額を限度としてのみ有効に成立することになる（いわゆる優先主義）といわれていました（同法631条参照）（補足説明39頁～40頁）。

　上記事例に則してみてみますと、保険価額2,000万円の建物について、保険者Ａとの間で保険金額2,000万円とする保険契約（保険契約Ａ）、保険者Ｂとの間で保険金額1,500万円とする保険契約（保険契約Ｂ）、保険者Ｃとの間で保険金額500万円とする保険契約（保険契約Ｃ）が同時に締結されていた場合、2,000万円を超える部分についての保険契約は保険金額の割合に応じて一部無効になりますので、保険契約Ａの1,000万円を超える1,000万円の部分、保険者Ｂとの750万円を超える750万円の部分、保険者Ｃとの250万円を超える250万円の部分についての各保険契約は無効となります。

　それ故、保険者Ａは1,000万円、保険者Ｂは750万円、保険者Ｃは250万円の範囲内において保険給付義務を負うことになりますが、上記事例においては保険価額2000万円の建物が火事で半焼し、1,000万円の損害を生じていますので、各保険者の負担額は、保険者Ａは500万円、保険者Ｂは325万円、保険者Ｃは125万円となり、被保険者は各保険者に対してそれぞれ上記の金額を請求できるにとどまります。

　これに対して、保険契約Ａ、保険契約Ｂ、保険契約Ｃの順序で時を異にして保険契約が締結された場合については、保険契約Ａの保険金額は2,000万円であり、保険価額の2,000万円を全額填補できますので、以後の保険契約は保険価額を超えることになり、保険契約Ｂおよび保険契約Ｃは無効となります。

　それ故、上記事例においては、保険者Ａは、1,000万円の保険給付を行うべきという帰結になります。

　そこで実務においては、通常、保険約款において、同時重複保険と異時

重複保険を区別せず、独立責任額の割合、すなわち、他の保険契約が存在しないと仮定して算定した各保険者が支払うべき保険金の額の割合に応じて支払うこととされ、対応がなされていました（山下ほか・前掲110頁）。

しかし、上記のような旧商法の規定については、超過保険と同様に、契約成立後に保険価額が上昇する可能性を見込んで重複保険を締結することも許容すべき等として立法論的な批判がされていました（補足説明40頁）。

(2) **保険法における規律**

そこで、超過保険における超過部分の契約を有効とすることとの整合性を図る見地から、重複保険の場合においても、各契約をすべて有効とすることを前提に、各保険者がてん補すべき損害額は、各保険者が自己の契約に基づいててん補すべき損害額（いわゆる独立責任額）とすることとされました（補足説明40頁）。

上記事例に則してみてみますと、保険契約AないしCが同時に締結された場合であっても、順次締結された場合であっても、各保険契約はすべて有効となりますので、保険価額2,000万円の建物が半焼によって1,000万円の損害が生じた場合、保険者Aは1,000万円、保険者Bは750万円、保険者Cは250万円の限度においてそれぞれ保険給付義務を負うことになります。

もっとも、上記事例では、各保険者の保険金額の合計は2,000万円であるのに対し、損失は1,000万円にとどまりますので、保険者の保険給付の合計が1,000万円となった場合には、被保険者はこれを超えて保険給付を受けることはできません（中間試案10頁）。

したがって、保険法のもとにおいては、被保険者は各保険者に対して、当該損失に見合う保険金額を保険契約の限度において全額請求できますので、同時に複数の保険を締結した場合と、順次締結した場合とで、請求できる相手や額に違いはないことになります。

〔吉田伸哉〕

7　保険給付の履行期

Question 48

保険給付の履行期は必ず定めなければならないのでしょうか。仮に保険給付の履行期を定めなかった場合、いつから履行遅滞になるのでしょうか。また、履行期を定めた場合、その履行期を過ぎなければ履行遅滞とはならないのでしょうか。

Answer

1　保険給付の履行期（保険給付を行う期限（以下「期限」という）は必ず定める必要はありません。

2　期限を定めなかった場合には、保険者は、「保険給付の請求があった後、当該請求に係る保険事故の確認をするために必要な期間」を経過したときから履行遅滞となります（法52条2項）（損害保険の場合には、「保険事故」を「保険事故およびてん補保険額」と読み替え（法21条2項）、傷害疾病定額保険の場合には、「保険事故」を「給付事由」と読み替える（法81条2項）。以下同じ）。

3　期限を定めた場合、その期限を経過しなくても、履行遅滞となる場合があります。すなわち、当該期限が「保険事故、保険者が免責される事由その他の保険給付を行うために確認をすることが生命（損害／傷害疾病定額）保険契約上必要とされる事項の確認をするための相当な期間を経過する日」より後の日であるときは、当該期間を経過すれば履行遅滞となります（52条1項。損害保険、傷害疾病定額保険も同様（法21条1項・81条1項））。

解　説

1　従来の扱い

旧商法上、保険給付の履行期については条文がありませんでした。そのため、保険給付の履行期は期限の定めのない債務として民法412条が適用

されていました（保険事故の発生という不確定期限付きの債務（民法412条2項）と解する見解と、期限の定めのない債務（同条3項）と解する見解（多数説）があった）（甘利公人「保険金給付の履行期と消滅時効」落合誠一・山下典孝編『新しい保険法の理論と実務（別冊金融・商事判例）』196頁）。

2　保険法の扱い

　保険給付の履行期については、保険事故（による損害）が生じた場合に保険者が損害のてん補や保険給付を行うという保険の性質上、保険事故の発生や損害の発生の有無等を調査したうえで保険金を支払うべきであるという要請と、保険事故が生じたならば迅速に保険給付が行われるべきであるという要請が存在します。

　そこで、保険法は、保険給付の履行期の定めを新設し、期限を定めた場合と定めなかった場合について場合を分けて規定し、これらの要請の調整を図っています。

3　履行期を定めなかった場合

(1)　条　文

　期限を定めなかった場合について、保険法は、「保険給付の請求があった後、当該請求に係る保険事故の確認をするために必要な期間」を履行期としています（法21条2項。損害保険、傷害疾病定額保険も同様（法52条2項・81条2項））。

　したがって、この期間を超えた場合には、保険者は遅滞の責任を負うことになります。

(2)　調査対象

　期限を定めなかった場合には、保険事故や損害の発生などの保険契約者側が証明すべき事項（保険金請求権の請求原因事実）のみが調査対象となっています。当事者間に合意がない以上、必要最小限の事項について確認する期間に限って猶予を認めるべきだからです。

　したがって、これらの事実を確認するために必要な期間の範囲内では保

険者は遅滞の責任を負いませんが、免責事由などの抗弁事実の確認のために時間が必要であったとしても、保険金請求権の請求原因事実を確認するのに必要な期間を超えれば遅滞の責任を免れることはできません。

(3) 必要な期間

保険者が遅滞とならないのは、保険事故や損害の発生などの保険契約者側が証明すべき事項を確認するために「必要な期間」です。「必要な期間」かどうかの判断は、個別具体的な保険金請求における事情に照らして、当該請求に係る保険事故（およびてん補保険額）を確認するために必要かつ相当な期間かどうかで判断するとされています（保険法部会資料20・2頁）。

そして、確認に要した期間が「必要かつ相当な期間である」ことの立証責任は保険者側にあります。

(4) 規定の性質

この規定は、当事者間に保険金の支払時期の合意がない場合の補充規定であり、任意規定とされています。

4　履行期を定めた場合

(1) 条　文

期限を定めた場合については、保険法は、当該期限が「保険事故、保険者が免責される事由その他の保険給付を行うために確認をすることが生命保険契約上必要とされる事項の確認をするための相当な期間を経過する日」より後の日であるときは、当該期間を保険金支払の履行期とする旨定めています（法21条1項。損害保険、傷害疾病定額保険も同様（法52条1項・81条1項））。

すなわち、保険法は、原則として当事者間で定めた支払期限を有効としつつ、その支払期限が保険金の支払にあたり確認が必要な事項に照らして相当な期間を超えるときは、その相当な期間が経過したときから保険者は遅滞の責任を負うことになるとしています（補足説明43頁）。

したがって、期限を定めた場合、その期限を過ぎなければ履行遅滞にならないというわけではありませんので、注意が必要です。

(2) 調査対象

適正な保険給付を行うために必要な事項の確認を行う趣旨で当事者が保険金の支払時期について合意している場合には、その合意を基本的に尊重するという考えのもと、保険金請求権の請求原因事実である保険事故（およびてん補損害額）のほか、免責事由の存否や告知義務違反の有無等の抗弁事実も含めた「支払をするにあたって確認することが必要な事項」が調査対象となっています。

(3) 相当な期間

当事者間で定めた期限が履行期となるのか否かは、当事者間で定めた期限が、「相当な期間」よりも前なのか後なのかによることになります。この「相当な期間」とは、期限を定めなかった場合の「必要な期間」とは異なり、個別具体的な保険金請求における事情ではなく、約定の保険事故や免責事由の内容等の保険契約の内容に照らして、その類型の保険契約において支払時期の定めが相当かどうかで判断することになります。

相当な期間を超えることの立証責任は、合意がある以上、不相当であることを主張する者（保険金請求者側）にあります。ただし、実際の訴訟では、保険契約で定められた期間が相当かどうかは保険金請求者側にはわからない事情であるため、保険契約で定めた期間が相当なものであるとの資料等は保険者側で提出することを求められるものと考えられます（保険法部会第19回議事録19頁・26頁、保険法部会資料20・3頁）。

なお、監督指針Ⅳ－1－17(2)②において、ア．約款に定める基本的な期限について、旧商法下における約款に規定している履行期（たとえば、生命保険契約の5日、損害保険、傷害疾病定額保険契約の30日）を不当に遅滞するものとなっていないか、イ．基本的な履行期の例外とする期限を定めるときに、保険類型ごとに必要となる確認事項が明確に定められているとともに、それが客観的にみて合理的な日数か等の監督上の留意点が明らかにされています。

(4) 規定の性質

この規定は片面的強行規定とされています（法26条・53条・82条）。し

たがって、相当な期間を過ぎても保険者は遅滞の責任を負わないという合意は無効です。

5　調査妨害について

(1)　条　文

上記調査事項（3(2)、4(2)）は、通常、保険契約者・被保険者側の事情です。上記調査事項を調査するためには、保険契約者・被保険者の協力が必要となります。保険契約者や被保険者に調査が調査に非協力的であることが原因で保険金の支払が遅れた場合にまで、保険者に遅滞の責任を問うことは不合理です。

そこで、保険法は、保険給付を行う期限を定めた場合でも定めなかった場合でも、上記3(2)、4(2)（調査事項）の調査を行うにあたり、保険契約者または被保険者が正当な理由なく当該調査を妨げ、またはこれに応じなかった場合には、保険者は、これにより保険給付を遅延した期間について遅滞の責任を負わないとしています（法21条3項・52条3項・81条3項）。

(2)　立証責任

確認の妨害または不協力があったことについては、それにより遅滞の責任を免れる保険者側に証明責任があります。

(3)　片面的強行規定

当該規定は、片面的強行規定であり、調査対象を広げて保険契約者や被保険者に協力義務を課し、それに違反した場合には保険者は遅滞の責任を負わないとする約定は無効となると解されます（法26条・53条・82条）。

〔松本久美子〕

8　責任保険契約についての先取特権

Question 49

責任保険契約における先取特権とは、どのような権利でしょうか。

Answer

　保険法においては、被保険者が倒産した場合にも、被害者が優先的に被害の回復を図ることができるよう「責任保険契約の被保険者に対して当該責任保険契約の保険事故に係る損害賠償請求権を有する者は、保険給付を請求する権利について先取特権を有する」（法22条1項）として、被害者に特別の先取特権が認められました。これにより、被害者は、他の債権者に優先して責任保険契約に基づく保険給付から弁済を受けることができるようになりました。

――――――解　説――――――

1　責任保険契約

　責任保険契約とは、損害保険契約のうち、被保険者が損害賠償の責任を負うことによって生ずることのある損害をてん補するための保険契約です（法17条2項）。典型例としては、自動車損害賠償責任保険（自賠責保険）や製造物責任保険（いわゆるＰＬ（Product Liability）保険）が挙げられます。たとえば、ある人が車を運転していて人身事故を起こした場合には、加害者として負傷した人（被害者）に対し損害賠償をしなければなりませんが、この損害をてん補するための保険が責任保険であり、この場合、加害者に当たる人が被保険者となります。

　責任保険は、加害者が損害賠償責任を負ったことによる損害をてん補するということで、第一義的には加害者のための保険であるといえますが、加害者の賠償資力を高めるという効果もあります。自動車損害賠償保障法がすべての自動車（バイクを含む）について自賠責に加入することを義務づけているのも（同法5条）、被害者への最低限の補償の確保を目的として

います。

2　被保険者の倒産

　ところで、自賠責保険のように被害者の直接請求権が規定されている場合（自動車損害賠償保障法16条、自賠責保険における被害者の直接請求権についてはQ50参照）には問題がないのですが、旧商法には責任保険契約一般について特別の規定がなく、そのため被保険者が倒産した場合には、被害者の保護を十分に図ることができないのではないかという点が従来から問題視されていました。

　たとえば、被害者が被保険者（加害者）に対して100万円の損害賠償請求権を有しており、被保険者（加害者）が責任保険契約に基づき損害保険会社に対し100万円の保険給付請求権を有していたという場面を想定してみます。

　この状況で被保険者（加害者）が破産した場合、被保険者（加害者）の損害保険会社に対する保険給付請求権100万円は被保険者の責任財産（破産財団）の一部となります。被害者のほかに被保険者（加害者）に対し900万円の債権を有する債権者がいれば（他に債権者はいないものと仮定する）、被保険者（加害者）の損害保険会社に対する100万円の債権は、被害者の有する債権額（100万円）とこの他の債権者が有する債権額（900万円）の割合（1：9）で按分されてそれぞれに弁済されることになります。

　そうすると被害者は被保険者（加害者）の損害保険会社に対する100万円の債権から10万円しか弁済を受けることができないことになります（実際には、破産となれば、他に金融機関等の大口債権者が多数いるのが通常であり、また、破産手続に必要な費用等も被保険者（加害者）の責任財産で賄うことになるので、被害者が弁済を受けることができる金額はもっと僅少になることが見込まれる）。

　これでは、被保険者が倒産した場合には、責任保険によって被害者の保護を十分に図ることができませんので、責任保険契約に基づき被保険者が保険会社に対し有する保険請求権をどのようにして被保険者の責任財産か

ら分離し被害者の保護を図るかということがこれまで議論されてきました。

この点については、①商法667条を類推適用して被害者の保険者に対する直接請求権を認める見解、②被害者の保険請求権に対する取戻権を認める見解、③被害者に保険請求権に対する別除権を認める見解などがありました。

ところが、判例は、被害者の加害者に対する請求権は一般破産債権であり、破産手続によってのみ行使すべきであって、破産手続を離れて行使できないという立場をとっていましたので（「乾燥いか菓子事件」の判決（東京地判平成14・3・13判例時報1792号78頁）、東京高判平成14・7・31、最決平成14・12・20（上告不受理・上告棄却））、立法により被害者の保護を図ることが要請されていました。

3　責任保険契約における被害者の先取特権

(1)　以上のような経緯を踏まえ、保険法においては、被保険者が倒産した場合にも、被害者が優先的に被害の回復を図ることができるよう「責任保険契約の被保険者に対して当該責任保険契約の保険事故に係る損害賠償請求権を有する者は、保険給付を請求する権利について先取特権を有する」（法22条1項）として、被害者に特別の先取特権が認められました。これにより、被害者は、他の債権者に優先して責任保険契約に基づく保険給付から弁済を受けることができるようになりました（中間試案では被害者に直接請求権を認める方法と被害者に先取特権を認める方法とが併記されていたが、保険法は特別の先取特権を認める方法を採用した）。

(2)　先取特権の行使

被害者が特別の先取特権を行使するには、民事執行法193条（債権およびその他の財産についての担保権の実行の要件等）によることになります。具体的には、「担保権の存在を証する文書」を裁判所に提出し、被保険者の保険者に対する保険金請求権に対する差押命令を申し立て、差押命令に基づいて保険金請求権の取立て等をすることになります（民事執行法193条

2項・155条等)。この「担保権の存在を証する文書」の具体例としては、被害者から被保険者に対する損害賠償請求についての判決文や和解調書が挙げられます。

(3) **被害者が複数の場合**

　ある被害者が被保険者の保険金請求権を差し押えた場合には、他の被害者は、第三債務者である保険者による執行供託（民事執行法165条1号）、保険者に対する取立訴訟の訴状送達（同条2号）前に、保険金請求権の差押え、仮差押えの執行または配当要求をした場合に限り、配当に参加することが可能です（同法193条2項・165条）。

　このように配当に参加するためには時期的制限があるので、被害者としては、先取特権の行使の機会を失しないよう注意する必要があります。

〔國吉雅男〕

Question 50

自賠責保険の内容と同保険における被害者の直接請求権について教えてください。

Answer

1　自賠責保険とは、自動車損害賠償保障法により、自動車、原動機付自転車の所有者と運転者が加入を強制されている保険（強制保険）のことをいいます。この自賠責保険は、被害者の救済を第一の目的としているため、その対象は対人賠償に限られています。かかる自賠責保険により、もし事故を起こした加害者に賠償金を支払う資力がない場合でも、被害者は、一定の金額まで損害のてん補を図ることが可能となります。

2　自賠法16条1項は、被害者保護の観点から、被害者が、保険者（保険会社）に対し、保険金額の限度において、直接損害賠償額の支払をなすべきことを請求することができる旨規定しています。

―― 解　説 ――

1　自賠責保険の内容

自動車損害賠償責任保険（いわゆる自賠責保険）とは、自動車損害賠償保障法（以下「自賠法」という）により、自動車、原動機付自転車の所有者と運転者が加入を強制されている保険（強制保険）のことをいいます（自賠法5条）。

この自賠責保険は、被害者の救済を第一の目的としているため、その対象は対人賠償（対人とは、事故により死傷した相手側の運転者、その同乗者あるいは歩行者などのことを指す）に限られています。すなわち、被害者の傷害や死亡のみを対象として賠償金が支払われ、加害者の傷害や自動車の破損について賠償金が支払われることはありません。

かかる自賠責保険により、もし事故を起こした加害者に被害者に対する賠償金を支払う資力がない場合でも、被害者は、一定の金額まで損害のて

ん補を図ることが可能となります。加害者に資力がないために、交通事故にあった被害者が賠償金を受領できないといった事態が生じることを防ぐための制度が、この自賠責保険であるといえます。

自賠責保険の支払限度額は、下記のとおりとされています。

死　亡	3,000万円
傷　害	120万円
後遺障害	程度に応じて、75万円～3,000万円 常に介護が必要な場合は4,000万円

※　金額は加害車両1台につき、被害者1人についての金額

上記のとおり、自賠責保険には限度額があり、また対人賠償だけの支払となっていますので、これだけでは十分な損害のてん補を図ることができないケースが多くあります。

そのため、自動車、原動機付自転車の所有者と運転者は、これに加え、任意の自動車保険にも加入しているのが通常であり、被害者保護の観点からしても、それが望ましいといえます。

2　被害者の直接請求権

(1)　自賠法における被害者の直接請求権の意義

自賠法16条1項は、被害者が、保険者（保険会社）に対し、保険金額の限度において、直接損害賠償額の支払をなすべきことを請求することができる旨規定しています。

自賠責保険は責任保険（責任保険については、Q49参照）の一種です。責任保険の一般原則からしますと、被保険者（加害者）が第三者（被害者）に対し損害賠償責任を負うことが確定された場合に、被保険者（加害者）からの保険金請求に基づき保険者（保険会社）が被保険者（加害者）に対し保険給付を行い、その後被保険者（加害者）が被害者に対し損害賠償をなすことになりますが、被保険者（加害者）が保険者（保険会社）に対し保険金請求を行わないなどの不誠実な対応に終始した場合には被害者の保護が図

られないことになり不都合です。そこで、自賠法16条1項は、被害者保護の観点から、被害者の保険者（保険会社）に対する保険金の直接請求権を認めています。

(2) 被害者による直接請求権の行使

① 被害者が保険者（保険会社）に対し直接請求権を行使する場合には、被害者と保険者（保険会社）との間で被保険者（加害者）の責任の有無および賠償額についての確定が行われ（注1）、確定した金額について保険者（保険会社）から被害者に対し保険金が給付されます。

② 保険者（保険会社）が被害者の直接請求に基づき損害賠償金額の支払をしたときは、保険者（保険会社）が被保険者（加害者）との責任保険の契約に基づき被保険者（加害者）に対して損害をてん補したものとみなされます（自賠法16条3項）。そして、被保険者（加害者）は、被害者に対する損害賠償額について自己が支払をした限度においてのみ、保険者（保険会社）に対して保険金の支払を請求することができるとされています（同法15条）（注2）。

③ また、自賠責保険においては、被害者保護の見地から、保険者（保険会社）の保険給付義務が免責されるのは保険契約者または被保険者の悪意により生じた損害に限定されていますが（同法14条）、この免責事由がある場合でも、保険者（保険会社）は、かかる免責事由を被害者の直接請求に対して主張することはできないとされています（注3）。

(3) 保険法と自賠法の関係

保険法においては、責任保険契約に基づく保険金請求権について被害者に先取特権が認められましたが（法22条1項、Q49参照）、保険法と自賠法とは一般法と特別法の関係にあり、保険法が22条1項の規定が定められたことによっても、自賠法における被害者の直接請求権の行使は妨げられることはありません。

（注1）この確定は、被保険者（加害者）の関与なく行われるので、その効力は被保険者（加害者）には及びません。よって、被害者が保険者（保険会社）の査定に

ついて異議を述べず保険者（保険会社）から損賠賠償額の支払を受けた後でも、なお満足されない損害額があるとして、被保険者（加害者）に対し損害賠償請求をすることは可能です。

（注2）被保険者（加害者）は、被害者に対し支払をしない限り、保険者（保険会社）に対して保険金請求をすることができませんので、被害者の直接請求が優先されることになります。

（注3）被保険者（加害者）からの請求に対して免責となる場合に保険者（保険会社）が被害者に損害賠償額の支払をしたときは、被保険者（加害者）との関係では支払義務がなかったことになりますので、保険者（保険会社）は被保険者（加害者）に対し求償できるはずですが、自賠法では、保険者（保険会社）は、政府に補償を請求することができるものとし（自賠法16条4項）、補償した政府が被保険者（加害者）に求償するものとしています（同法76条2項）。

〔國吉雅男〕

9 費用の負担

Question 51

保険者（保険会社）が負担すべき費用とはどのような費用でしょうか。保険契約者または被保険者が損害の発生または拡大防止のために要した費用は、保険者（保険会社）に請求できるのでしょうか。

Answer

1　保険法は、①てん補損害額の算定に必要な費用および、②保険契約者または被保険者が損害の発生または拡大の防止に努めるために必要または有益であった費用については、保険者（保険会社）が負担すべきと規定しています（法23条1項1号・2号）。

2　よって、保険契約者または被保険者が損害の発生または拡大の防止に努めるための必要費および有益費については、保険者（保険会社）に対し請求することができます（法23条1項2号）。

3　上記費用の負担に関する規定は任意規定ですので、これと異なる特約をすることは可能です。

解　説

1　保険者（保険会社）が負担すべき費用

　商法は、損害額を計算するために必要な費用については、保険者（保険会社）において負担されなければならないと規定していましたが（旧商法638条2項）、かかる規律は、保険法においても維持されており、「てん補損害額の算定に必要な費用」については保険者（保険会社）の負担とする旨規定されています（法23条1項1号）。具体的には、事故原因の調査や損害額の算定のための調査費用等が、保険者（保険会社）の負担となります。

　また、商法は、損害の防止のために必要または有益であった費用についても保険者（保険会社）において負担されなければならない旨規定していましたが（旧商法660条1項但書）、保険法も同様に、「損害の発生又は拡大

の防止のために必要又は有益であった費用」については保険者（保険会社）の負担とする旨規定しています（法23条1項2号）。具体的には、保険の目的物である建物の火災の際に消火活動に使用した消火剤の費用等が、保険者（保険会社）の負担となります。

2　損害の防止義務およびその費用負担

(1)　損害の防止義務について

　商法においては、被保険者のみが損害の防止義務を負うものとされていましたが（旧商法660条1項本文）、保険契約者も被保険者と同様に、損害の防止を図りうる立場にあることが多いので、保険法では、被保険者のみならず、保険契約者も損害の防止義務を負うこととされました（法13条）。また、商法では、単に「損害ノ防止」とのみ規定されていましたが、損害の防止には、損害の発生を防止するだけではなく、損害が発生した後にその拡大を防止することも含まれると解されるため、保険法では、「損害の発生及び拡大の防止に努めなければならない」とし、その点を明確にしています。

　また、かかる損害の防止義務について保険契約者と被保険者に不可能を強いるものではなく、可能な範囲で損害の発生および拡大の防止に努めれば足りるという点を明確にする趣旨で、商法において「力（つと）メルコトヲ要ス」と規定されていたのと同様に、保険法においても「努めなければならない」とのみ規定されています。

(2)　費用負担

　先に述べたとおり、保険契約者または被保険者が要した「損害の発生又は拡大の防止のために必要又は有益であった費用」については保険者（保険会社）の負担となります（法23条1項2号）。

3　任意規定

　上記費用の負担に関する規定は任意規定ですので、これと異なる特約をすることは可能です。

〔國吉雅男〕

10 残存物代位

Question 52

残存物代位とはどのような制度でしょうか。また、保険法の制定によりどのような見直しがなされたのでしょうか。

Answer

残存物代位とは、被保険者の利得を防止するために、保険金を支払った保険者（保険会社）に被保険者がその残存物に対して有する権利について代位することを認める制度です。

旧商法下では、保険者（保険会社）が保険金額の全部を支払った場合にのみ保険者（保険会社）による残存物代位が認められていましたが、重複保険の場合などには保険者（保険会社）が保険金額の全部の支払をなさない場合があり、その場合に保険者（保険会社）に残存物代位が認められないのは不都合であることから、保険法は保険者（保険会社）が保険金額全額を支払った場合に限って代位を認めていた点を改め、より一般的な形で残存物代位を認めることとなりました。

――――― 解　説 ―――――

1　残存物代位とは

旧商法は、保険の目的物の全部が滅失した場合について、保険者（保険会社）が保険金額の全部を支払った場合に、①被保険者がその目的物（いわゆる残存物）についての権利を取得し（旧商法661条本文）、②ただし一部保険の場合については、当該権利を付保割合に応じて取得するとし（同条但書）、保険金を支払った保険者（保険会社）に被保険者がその残存物に対して有する権利について代位することを認めていました。これが残存物代位の制度です。

その趣旨は、被保険者の利得を防止するという点にあります。この点、被保険者の利得を防止するためには、立法政策上、保険者（保険会社）に

よる残存物代位ではなく、被保険者に保険給付を行う際に残存物の価額を算出したうえで、これを控除して保険金を支払うという法制度を採用することも考えられますが（この場合、残存物代位は必要ないことになる）、残存物価額の評価に費用を要し、また、被保険者の迅速な保護が図れないことから、被保険者に対しては残存物の価額を控除せずに保険給付を行ったうえで、被保険者に残存物代位権を行使させるという制度が採用されました。

2　保険法による見直し

　旧商法の規定によると、たとえば、保険価額が500万円の絵画について、Ｘ保険会社を保険者とする保険金額500万円の全部保険契約とＹ保険会社を保険者とする保険金額500万円の全部保険契約という2つの保険契約が成立していた場合（重複保険）に、被保険者とＸ保険会社とＹ保険会社が事前に相談して250万円ずつ支払ったときには、Ｘ保険会社、Ｙ保険会社とも「保険者が保険金額の全部を支払った」という要件を満たさないため、いずれも残存物代位できないという不都合が生じます。

　そこで、保険法では、「保険者は、保険の目的物の全部が滅失した場合において、保険給付を行ったときは、当該保険給付の額の保険価額（約定保険価額があるときは、当該約定保険価額）に対する割合に応じて、当該保険の目的物に関して被保険者が有する所有権その他の物権について当然に被保険者に代位する」（法24条）と規定し、商法が保険者（保険会社）が保険金額全額を支払った場合に限って代位を認めていた点を改め、より一般的な形で残存物代位を認めることにしました。

3　片面的強行規定

　この残存物代位の規定は片面的強行規定とされていますので（法26条）、この規定に反する特約で、被保険者（保険による代位の結果として権利を失うこととなる者）に不利なものは、無効となります。

　たとえば、保険者（保険会社）による保険給付の額の保険価額に対する

割合によらず保険者（保険会社）が残存物についての権利をすべて取得するという特約は被保険者に不利なものですので無効となります。他方、保険者（保険会社）の代位を認めない、あるいは保険者（保険会社）の代位の範囲を法24条が規定する範囲よりも狭める旨の特約は、被保険者に有利なものとして基本的には有効となります。

　また、損害保険約款では、保険会社は、保険会社が残存物の権利を取得する旨の意思表示をしない限り保険会社に残存物の権利は移転しない旨が定められていることが多いですが、かかる特約は被保険者に不利なものではありませんので、有効とされています。

〔國吉雅男〕

11 請求権代位

Question 53

請求権代位とはどのような制度でしょうか。保険法の成立により、どのような見直しがなされたのでしょうか。

Answer

1　請求権代位とは、損害が第三者（加害者）によって引き起こされた場合に、保険者（保険会社）が、被保険者に対して保険金を支払ったときに、保険者（保険会社）が被保険者が当該第三者に対して有する請求権を代位取得するという制度をいいます。

2　一部保険の法的処理に関して、保険法は、保険給付の額がてん補損害額に不足するときは、被保険者債権の額から当該不足額を控除した残額についてしか代位できないと規定し、従来の通説・判例の立場（相対説・比例説）を改め、差額説を採用することを明らかにしました（法25条1項）。

また、保険法においては、保険契約者が第三者に対して有する権利については、請求権代位の対象とされていません。

―― 解　説 ――

1　請求権代位の意義

請求権代位とは、損害が第三者によって引き起こされた場合に、保険者（保険会社）が、被保険者に対して保険金を支払ったときに、保険者（保険会社）が被保険者が当該第三者に対して有する請求権を代位取得するという制度をいいます。

たとえば、X（被保険者）の火災保険の目的であった家屋が第三者Yの放火により全焼した場合を想定します。この場合、X（被保険者）は保険会社Z（保険者）に対して保険金請求権を取得し、かつ、第三者Yに対しては不法行為に基づく損害賠償請求権を取得することになります。しか

し、この場合に、Xが、双方の請求権を行使して、保険金と賠償金を重複して取得することは明らかに不合理です。そのため、このような事態が発生することを防止する必要があります。

まず、Xが損害賠償請求権を先に行使して賠償金を全額取得した場合には、賠償金により損害がてん補されたことになりますので、もはや保険金請求権を行使できなくなります。他方、先に保険金請求権を行使して保険金を取得した場合には、請求権代位の制度により、XのYに対する損害賠償請求権は法律上当然に保険金を支払った保険会社Zに移転することとされています。これにより、Xは保険金と賠償金の両取りができなくなります。

なお、この場合にYは損害賠償義務を免れるわけではなく、Zから損害賠償請求を受けることになります。

2　旧商法下での取扱い

旧商法上、損害が第三者の行為によって生じた場合において、保険者が被保険者に対しその負担額を支払ったときは、その支払った金額の限度において保険契約者または被保険者が第三者に対して有する権利を取得するものとされていました（旧商法662条1項）。

また、一部保険の場合には、保険者は、支払った保険金の額の損害額の割合に応じた債権を代位取得すると解されていました（最判昭和62・5・29民集41巻4号723頁、いわゆる相対説・比例説）。

この判例によれば、保険金額50万円の保険契約が締結されていた場合に、100万円の損害が生じ、被保険者の第三者に対する債権が80万円（過失割合2割）であった場合に、保険者（保険会社）が被保険者に対し50万円の保険金を支払えば、保険者（保険会社）は被保険者の第三者（加害者）に対する債権のうち40万円の債権を代位取得することになります。

しかし、被保険者の利得禁止という観点からすれば、被保険者に利得が生じない範囲では、保険者による代位取得を認める必要はないとする処理が素直であり、かつ、被害者である被保険者の保護にも資するといえま

す。

3 保険法での取扱い

そこで、一部保険の法的処理に関して、保険法は、保険給付の額がてん補損害額に不足するときは、被保険者債権の額から当該不足額を控除した残額についてしか代位できないと規定し、従来の通説・判例の立場（相対説・比例説）を改め、差額説を採用することを明らかにしました（法25条1項）。

この考え方によると、保険者（保険会社）が先に50万円支払った場合でも、被保険者の権利が優先するため、被害者は第三者（加害者）に対して30万円を請求することができます。そして、加害者はなお30万円（80万円－50万円）の賠償義務を負担していることになりますので、保険者（保険会社）はその部分につき代位することになります。また、このように被保険者の債権と保険者（保険会社）の債権が競合する場合には、被保険者の権利が優先します（法25条2項）。

なお、旧商法において請求権代位の対象とされていた保険契約者が第三者に対して有する権利については、保険法においては請求権代位の対象とはされていません。これは、保険契約者は保険給付の受領主体ではなく、代位を認める必要がないことによります。

4 片面的強行規定

保険法25条は片面的強行規定ですので、相対説・比例説を採用するなどの保険約款の規定は無効となります。

〔國吉雅男〕

12 片面的強行規定

Question 54

保険法における「保険給付」に関する規定で、片面的強行規定とされているのはどの規定でしょうか。また、片面的強行規定違反が問題とされる具体例についても教えてください。

Answer

損害保険、生命保険、傷害疾病保険に共通する片面的強行規定は、保険給付の履行期に関して当事者が保険給付を行う期限を定めた時の規定および調査妨害の場合の規定です（法26条・53条・82条）。

その他、損害保険に関して、損害発生後の保険の目的物の滅失の場合の規定（法15条）、残存物代位（法24条）、請求権代位（法25条）が片面的強行規定とされています（法26条）。

――― 解　説 ―――

片面的強行規定を一覧にすると以下のようになります。

保険給付	26条・53条・82条			
	片面的強行規定	条文	誰にとって不利か	片面的強行法規違反の約款の具体例
損害 生命 傷害疾病	保険給付の履行期	21条1項・3項	被保険者	相当の期間を過ぎても遅滞の責任は負わない旨の約定（補足説明45頁） 第三者による調査妨害の場合にも遅滞の責任を負わないとする約定
		52条1項・3項	保険金受取人	
		81条1項・3項		
損害	損害発生後の保険の目的物の滅失	15条	被保険者	保険事故による損害が生じた後に保険の目的物が滅失した場合には、保険者は当該損害を填補する義務を免れる旨の約定

217

損　害	残存物代位	24条	被保険者	一部保険であるにもかかわらず、保険給付の額の保険価額に対する割合に応じずに、残存物に対する権利をすべて代位できるとする規定（山野嘉朗「保険代位・請求権代位」落合誠一・山下典孝編『新しい保険法の理論と実務（別冊金融・商事判例）』206頁）
損　害	請求権代位	25条	被保険者	一部保険であるにもかかわらず、保険給付の額の限度で、被保険者債権を当然に代位する旨の規定（山野・前掲208頁）

1　保険給付の履行期（法21条1項・3項、52条1項・3項、81条1項・3項）

(1)　規定の内容

　保険給付の履行期の規定は、1項で、保険給付を行う期限を定めた場合でも当該期限が保険契約上必要とされる事項の確認をするための相当の期間を経過する日後の日であるときは、当該期間を経過する日をもって保険給付を行う期限とするという規定で、2項は保険給付を行う期限を定めなかったときの規定、3項は調査妨害の場合に、それにより保険給付が後れた場合の期間について保険者に遅滞の責任を負わせない旨の規定です（法21条・52条・81条）。

　このうち、1項・3項について、被保険者（生命保険、傷害疾病保険については保険金受取人）にとって不利な規定は無効とされています（法26条・53条・82条）。

　なお、2項が任意規定であるのは、保険給付の履行期を定めなかった場

合の補充規定であるためです。

(2) 具体例

1項は、被保険者あるいは保険金受取人にとって不利な規定は無効とされていますので、相当の期間を過ぎても遅滞の責任を負わない旨の約定は、被保険者・保険金受取人が遅延損害金を受け取ることができなくなるため、被保険者・保険金受取人にとって不利といえ、法21条1項・52条1項・81条1項に違反することになります（補足説明4頁）。

3項は、調査妨害により保険給付が遅れた場合の期間について保険者に遅滞の責任を負わせない旨の規定ですので、調査妨害があれば調査妨害と無関係に保険給付が遅れた場合でも一切保険者の遅滞責任を認めないような約定は、法21条3項・52条3項・81条3項に違反すると考えられます。

2 損害発生後の保険の目的物の滅失【損害保険】（法15条）

(1) 規定内容

法26条は、保険事故による損害発生後に保険事故によらずに保険の目的物が滅失した場合でも、保険者に当該損害のてん補する責任があることを定めた法15条について、かかる規定に反する特約で被保険者に不利なものは無効としています。

(2) 具体例

たとえば、保険事故による損害発生後に保険の目的物が滅失した場合には、保険者は当該損害をてん補する義務を免れるといった約定は無効となります。

3 残存物代位【損害保険】（法24条）

(1) 規定内容

法26条は、保険者が、保険の目的物の全部が滅失した場合において、保険給付を行ったときは、当該保険給付の額の保険価額（約定保険価額があるときは、当該約定保険価額）に対する割合に応じて、当該保険の目的物に関して被保険者が有する所有権その他の物権について、当然に被保険者に

代位するとする法24条の規定について、これに反する特約で被保険者に不利なものは無効としています。

(2) 具体例

たとえば、一部保険であるにもかかわらず、保険給付の額の保険価額に対する割合に応じずに、残存物に関する権利を全て保険者が代位できるとする規定は、被保険者に不利といえますので、無効となります（山野嘉朗「保険代位・請求権代位」落合誠一・山下典孝編『新しい保険法の理論と実務』206頁）。

なお、たとえば、保険の目的物が全焼して、鉄くずなどが残った場合で、鉄くずの財産的価値がほとんどなく、処分に費用がかかるという場合、残存物について代位してもらえないというのは被保険者にとって不利とも考えられますが、基本的には代位しないということは被保険者に得が残るという前提で、残存物を代位取得しないという旨の約定は被保険者にとって不利な約定にはならないと解されています（保険法部会資料23・11頁、保険法部会第21回議事録47頁）。ただし、盗難保険の場合で、高価品の場合には、残存物について代位しないという旨の約定が、利得禁止原則との関係で問題となりえます。

4　請求権代位【損害保険】（法25条）

(1) 規定内容

法25条は、①保険者が保険事故による損害が生じたことにより被保険者が取得する債権（被保険者債権）について、ⓐ保険給付をした額とⓑ被保険者債権の額（ⓐの額がてん補損害額（損害保険契約によりてん補すべき損害の額）に不足するとき（すなわち一部保険のとき）は、被保険者債権の額から当該不足額を控除した残額）のいずれか少ない額を限度として、当然に被保険者に代位すること、②①の場合において、ⓐの額がてん補損害額に不足するとき（一部保険のとき）は、被保険者は、被保険者債権のうち保険者が①の規定により代位した部分を除いた部分について、当該代位に係る保険者の債権に先立って弁済を受ける権利を有することを規定していま

す。

そして、法26条は、上記法25条の規定に反する特約で、被保険者にとって不利な特約は無効としています。

(2) **具体例**

法25条は、一部保険の場合には、被保険者債権の額から当該不足額を控除した残額について代位するとするのみですので、一部保険の場合でも被保険者債権について保険給付をした額で代位することができるとする特約は無効とされると考えられます（山野・前掲208頁）。

〔松本久美子〕

V

契約の終了

1　保険契約の終了原因

Question 55

保険契約が終了するのはどのような場合でしょうか。保険契約の終了原因について教えてください。

Answer

保険契約の終了原因として、保険法は損害保険、生命保険、傷害疾病定額保険のいずれの場合にも、①保険契約者による解除（法27条・54条・83条）、②告知義務違反による解除（法28条・55条・84条）、③危険増加による解除（法29条・56条・85条）、④重大事由による解除（法30条・57条・86条）を規定しており、生命保険および傷害疾病定額保険については⑤被保険者の解除請求による保険契約者の解除（法58条・87条）を規定しています。

また、保険者が破産した場合の保険契約者の解除（法96条1項）、保険契約者が解除しない場合の保険契約の失効（同条2項）が規定されています。

さらに、保険法上に直接規定はありませんが、保険契約は約定された保険期間の満了により当然に終了されると解されています。

―――――――　解　説　―――――――

1　保険契約の終了原因

有効に成立した保険契約が終了する原因としては、保険契約が解除された場合、保険契約が失効した場合、保険契約で定められた保険期間が満了した場合、が考えられます。

2　保険契約の解除事由

(1) 保険契約者による解除

保険契約者は、いつでも保険契約を解除することができるとされていま

す（法27条・54条・83条）。

(2) 告知義務違反による解除

保険者は、保険契約者または被保険者が、告知事項について、故意または重大な過失により事実の告知をせず、または不実の告知をしたときは保険契約を解除することができます（法28条1項・55条1項・84条1項）。

もっとも、上記の場合であっても、①保険契約締結時に、保険者が上記事実を知っていたとき、または過失により知らなかったとき、②保険者のために保険契約の締結の媒介を行うことができる者（保険媒介者）が保険契約者または被保険者が事実の告知をすることを妨げたとき、③保険媒介者が、保険契約者または被保険者に対し、事実の告知をせず、または不実の告知をすることを勧めたときは、保険者は保険契約を解除することはできません（法28条2項・55条2項・84条2項）。

なお、保険者の上記保険契約解除権は、保険者が解除原因があることを知った時から1か月間行使しないとき、または、保険契約締結の時から5年経過したときは、消滅します（法28条4項・55条4項・84条4項）。

(3) 危険増加による解除

保険者は、保険契約締結後に危険増加が生じた場合、①当該危険増加に係る告知事項について、その内容に変更が生じたときは保険契約者または被保険者が保険者に遅滞なくその旨の通知をすべき旨が当該保険契約で定められており、かつ、②保険契約者または被保険者が故意または重大な過失により遅滞なく①の通知をしなかった場合には、当該保険契約を解除することができます（法29条1項・56条1項・85条1項）。

(4) 重大事由による解除

保険者は、①保険契約者等（損害保険においては保険契約者または被保険者、生命保険においては保険契約者または保険金受取人、傷害疾病定額保険においては、保険契約者、被保険者または保険金受取人）が、保険者に当該保険契約に基づく保険給付を行わせることを目的として保険事故を発生させ、または発生させようとしたこと、②被保険者が、当該保険契約に基づく保険給付の請求について詐欺を行い、または行おうとしたこと、③保険者の保

険契約者または被保険者に対する信頼を損ない、当該保険契約の存続を困難とする重大な事由がある場合には、当該保険契約を解除することができます（法30条・57条・86条）。

(5) 被保険者の解除請求による保険契約者の解除

　生命保険および傷害疾病定額保険においては、被保険者は、一定の事由がある場合に、保険契約者に対して保険契約の解除を請求することができ（法58条1項・87条1項）、かかる請求を受けた保険契約者は当該保険契約を解除することができます（法58条2項・87条2項）。

3　保険者が破産した場合

　保険者が破産手続開始の決定を受けた場合、保険契約者は保険契約を解除することができます（法96条1項）。そして、保険契約者が上記規定に基づいて保険契約を解除しなかった場合、当該保険契約は破産手続開始決定の日から3か月を経過した時点で、その効力を失い終了します（同条2項）。

4　期間満了による終了

　保険契約は、約定された保険期間の満了により当然に終了することになります。この点については、保険法に規定されているわけではありませんが、当然のことといえます。

〔衛藤祐樹〕

2 告知義務違反による解除

Question 56

告知事項に該当する事実の不告知や不実告知があれば、保険者は常に解除できるのでしょうか。

Answer

客観的に告知事項に該当する事実の不告知や不実告知があっても、これらが保険契約者等の故意または重過失に基づかない場合には、保険法上の告知義務違反とはならず、保険者は解除できません。

また、保険契約者等に故意または重過失があり告知義務違反が認められても、保険者は、常に解除できるわけではなく、以下のような場合には解除は認められません。

① 保険契約者等が告知するべきであった事実について、保険者が知り、または過失により知らなかった場合
② 保険媒介者による告知妨害等があった場合
③ 解除権の除斥期間が経過した場合

―――― 解 説 ――――

1 告知義務違反による解除の趣旨

保険者は、保険契約者等の故意または重大な過失による告知義務違反を理由として、当該告知義務違反にかかる保険契約を解除することができるものとされています（法28条1項・55条1項・84条1項）（Q18・19参照）。

このように告知義務違反に基づく解除規定の趣旨は、保険契約者等による情報の告知が保険者による危険測定の前提となるものであるところ、かかる告知について保険契約者等に義務を負わせるとともに、これに違反した場合には保険者による解除を認め、保険者と保険契約者等との公平な利害調整を図り、また保険契約者等のモラル・ハザードから保険者を保護しようとするところにあるとされています（山下友信『保険法』283頁～285

頁)。

　したがって、告知義務違反があったとしても保険契約者を保護すべき必要がある場面や、必ずしも保険者の保護を図る必要がない場面などでは、保険者による解除を認める必要性に乏しいため、公平の見地から、以下のように保険者による解除は制限されています。

2　不告知や不実告知が保険契約者等の故意または重過失に基づかない場合

(1)　概　要

　客観的に告知事項に該当する事実の不告知や不実告知があったとしても、これらが保険契約者等の故意または重過失に基づかない場合、換言すれば保険契約者等が過失なく、または軽過失により告知事項に該当する事実の不告知や不実告知をしたような場合には、保険契約者の保護を図るため、保険法上の告知義務違反とはならず、保険者は解除できません。

　この保険契約者等の故意または重過失は、告知義務違反に基づく解除の主観的要件とされていますので、解除を主張する保険者に主張・立証の責任があります。

(2)　故　意

　ここでいう「故意」とは、「告知義務の対象となる事項が存在し、告知しなければならないことを知っていたこと」をいいます。

　旧商法644条1項本文、同法678条1項本文の告知義務違反による解除規定の文言は「悪意」とされていましたが、この「悪意」は故意と同じ意味であると解されていたことから、この点について旧商法からの変更はありません。

(3)　重過失

　「重過失」については、個別の案件における事実に基づき評価されるものであって、いかなる場合に「重過失」が認められるかについては必ずしも明確ではありません。

　しかしながら、重過失の意義について「ほとんど故意に近似する注意欠

如の状態」とする裁判例（大判大正2・12・20民録19輯1036頁）もあるように、軽微な不注意といった程度では足りず、たとえば告知書等に記載があることのみをもって、一概に不告知や不実告知について保険契約者等に「重過失」があるとはいえないものと考えられます。

　この点については、山下・前掲303頁（注63）において、「判例では、悪意かどうかおよび重過失かどうかの判断を区分せず、認定事実に基づき悪意または重過失があった、あるいは少なくとも重過失があったと判示するものが少なくない」と指摘されているように、裁判における認定上、あまり厳密に両者を区別せず、故意があったとまで断定できない事案における故意の代替概念として重過失を用いているという側面もあり、保険者としても、「保険契約者等には、告知義務違反について、故意、少なくとも重過失があった」として故意と重過失をあわせた主張を行うことが多いものと考えられます。

　いずれにせよ、保険契約者に重過失があったとして解除を主張する保険者としては、告知書等の記載、当該告知事項の性質、告知に関する顧客説明時の状況等の客観的事実などを詳細に積み上げ、故意があったと主張する場合と同様の立証活動を行う必要があるものと考えられます。

　ところで、この「重過失」について、保険契約者等が告知事項の存在自体を重過失によって知らなかったような場合にも、保険者は解除できるのでしょうか。

　学説上、告知事項の対象となる事実は保険契約者等が「知っている事実」に限定されるとする見解が有力であり（山下・前掲297頁、岡田豊基「告知義務」落合誠一・山下典孝編『新しい保険法の理論と実務（別冊金融・商事判例）』80頁等）、「重過失」により告知事項に該当する事実を知らなかった場合には、「重大な過失により事実の告知をせず」には該当しないとも考えられます。

　この点、少しの注意を払えば告知義務の対象たる事項が存在することを把握しえたという場面（たとえば、明らかな異常が生じていたことは認識していたものの、病院で診察を受けなかったため、具体的な病名までは認識していな

かった事案）においては、公平な利害調整という見地から、結論として保険契約者等の利益を保護する要請は高いものとはいえず、保険者による告知義務違反に基づく解除を認めるのが相当と考えられ、過去の裁判例においても類似の事案で重過失に基づく告知義務違反を認めています（大判大正6・10・26民録26輯1612頁、札幌高判昭和58・6・14金融・商事判例686号29頁等）。

これに関する理論構成としては、告知義務の対象は知っている事実でなくとも、知らないことにつき重過失があれば足りるとする見解や、上記のような事案においては、もはや知っている事実と同視できるとする見解等、種々ありうるところですが、個別の事案毎の具体的事情に則して保険者による解除を認めるのが相当であるかがキーポイントとなるものと考えられます。

(4) 旧商法

旧商法においては、上記のような故意または重過失による「重要な事実」の不告知・不実告知が告知義務違反とされていましたが、保険法における告知義務は「重要な事項のうち保険者になる者が告知を求めたもの」（法4条・37条・66条）とされているため、保険契約者等は告知にあたっては保険者からの質問に答える義務（質問応答義務）を果たせばよいこととなり、告知事項は旧商法よりも明確になっています。

この改正により、保険契約者等にとっては、何が告知事項であり、何を告知しなければならないかの理解が従前よりも容易となると考えられ、このように理解が容易な告知事項について客観的に不告知や不実告知があった場合には、従前よりも保険契約者等の故意または重過失は認められやすくなりうるものと思われます。

3 保険契約者等が告知するべきであった事実について、保険者が知り、または過失により知らなかった場合

保険契約者等が、故意または重過失に基づき告知義務に違反したとしても、保険者がかかる保険契約者等から告知されず、または不実告知がなさ

れた事実について知っていた、または過失により知らなかったような場合には、保険者による解除は制限されることとなります（法28条2項1号・55条2項1号・84条2項1号）。

本規定は、保険者が知っていれば保険契約に関する危険選択を誤ることはなく、また、過失により知らなかったとしても、保険者は通常、危険に関する十分な調査能力を有することから、このような場合にはむしろ保険契約者等を保護する必要性が高いことをその趣旨としています。

また、保険契約の締結の代理権を有する者（損害保険代理店等）が、当該告知事項について知っていた、または過失により知らなかった場合には、保険者自身に故意または過失が認められるものと考えられています。これは、民法101条1項により、本人の故意・過失は、代理人によって決せられるとされていることに基づきます（萩本修『一問一答保険法』52頁）。

本規定は、解除権の阻却事由ですので、保険契約者等に主張、立証責任があることとなります。

4 保険媒介者による告知妨害・不告知教唆

(1) 概　要

保険契約者等が告知義務に違反したとしても、保険媒介者による告知妨害や不告知教唆があったような場合には、保険者は解除することができません（法28条2項2号・3号、55条2項2号・3号、84条2項2号・3号）。

ここでいう保険媒介者とは、「保険者のために保険契約の締結の媒介を行うことができる者（保険者のために保険契約の締結の代理を行うことができる者を除く）」（法28条2項2号）をいい、典型的には保険契約締結の代理権を有さない生命保険募集人がこれに該当します。

保険業法においては、生命保険募集人とは、生命保険会社の役員等または生命保険会社の委託を受けた者等であって生命保険会社のために保険契約の締結の代理または媒介を行う者（保険業法2条19項参照）とされており、保険会社から契約締結の代理権が与えられること自体は否定されていませんが、生命保険の性質や沿革的な理由などから、通常は契約締結の代

理権までは与えられず、媒介のみを行うこととされています。

　他方、損害保険代理店は、通常、媒介にとどまらず、契約締結の代理権も与えられていることから、ここでいう保険媒介者には該当しないこととなります。

　したがって、契約締結の代理権を有さない生命保険募集人などが告知妨害等を行った場合には、保険媒介者による告知妨害等として本規定により保険者の解除権は阻却されますが、契約締結の代理権を有する損害保険代理店などが告知妨害等を行った場合には、本規定の適用はなく、上記3で述べた解除権阻却事由の問題となります。

　この保険媒介者による告知妨害等があったことについては、解除権阻却事由を主張する保険契約者側に主張、立証責任があることとなります。

(2) 趣　旨

　本規定は保険法において新設された規定であり、その趣旨は保険契約の締結代理権を有しない者の告知妨害等から、保険契約者等を保護する目的によるものとされています（岡田豊基「告知義務」落合誠一・山下典孝編『新しい保険法の理論と実務（別冊金融・商事判例）』81頁）。

　旧商法においては、保険契約の締結の代理権を有する者によって告知妨害等がなされた事案については比較的容易に保険契約者等の保護を図る理論構成が可能であった一方、代理権を有さない者によって告知妨害等がなされた事案については、裁判例の判断も事案に応じて分かれているなど、必ずしも保険契約者等の保護にとって十分なものとはいえませんでした。そこで、保険法に本規定を設けることで、こうした問題が立法的に解決されることとなりました（詳細については、Q57を参照）。

(3) 告知妨害等と告知義務違反との間に因果関係がない場合の例外

　上記のとおり、保険媒介者による告知妨害等は解除権阻却事由となりますが、当該告知妨害等がなかったとしても、保険契約者等が告知義務違反を行ったと認められる場合、すなわち告知妨害等と告知義務違反との間で因果関係がなかったような場合には、保険者の解除権は阻却されません（法28条3項・法55条3項・法84条3項）。

告知義務違反に基づく解除権の発生という原則に対する例外として保険媒介者による告知妨害等があった場合の規定があり、本規定はそのまた例外ということになります。

たとえば、保険媒介者による告知妨害行為が行われる以前に、すでに保険契約者等自ら不実告知のために病状についての偽造診断書を作成していたなど、告知妨害がなくとも保険契約者等が告知義務に違反していたと認められる場合などが想定されます。

本規定は、解除権阻却事由の例外を主張するものとなりますので、解除を主張する保険者に主張、立証責任があることとなります。

5 除斥期間

保険契約者等が、故意または重過失に基づき告知義務に違反した場合であっても、保険者が解除の原因（すなわち告知義務違反）があったことを知った時から1か月間解除権を行使しないとき、または、保険契約の締結の時から5年を経過したときは解除権は消滅するものと定められています（法28条4項・55条4項・84条4項）。

したがって、かかる期間が経過した場合には、解除権は消滅し、保険者は解除権を行使することができません。

なお、生命保険の約款では、責任開始日から2年内に保険金の支払事由が発生しなかった場合には解除権を行使できないとしており、単純に除斥期間を短縮したものではありませんが、実質的には法定の除斥期間を短縮する内容となっています。

〔加來武宜〕

Question 57

告知妨害・不告知教唆とは、どのような場合を指すのでしょうか。

【事例】Aは、B保険会社と、約款に契約日以後の疾病により失明したとき死亡保険金相当の高度障害給付金を支払うという条項のある生命保険契約を締結しました。

Aは、Bの保険外交員Cからの勧誘に際し、自分は眼病（ベーチェット病）であると告げて、保険の勧誘を断ったにもかかわらず、CはAを強く勧誘し、検査医の診察の際にも、重ねて告知の必要はないと述べ、さらにCもBに提出する報告書に眼病について一切記載しませんでした。その後、Aは失明しましたが、Bに対する給付金の支払請求は認められるのでしょうか。

Answer

1　保険法上、告知妨害とは、保険契約者等に対して、告知事項に該当する事実の告知を妨げることをいい、不告知教唆とは、保険契約者等に対して、告知事項に該当する事実の不告知または不実告知を勧めることをいいます。

2　保険媒介者が告知妨害や不告知教唆を行った場合には、保険契約者等による不告知や不実告知行為があった場合、法28条2項2号・3号、55条2項2号・3号、84条2項2号・3号により、保険者は解除することができなくなります。

3　また、保険契約の締結の代理権を有する者が告知妨害や不告知教唆行為を行った場合には、保険契約者等による不告知や不実告知があっても、法28条2項1号・55条2項1号・84条2項1号の「保険者が告知事項に該当する事実を知り、または過失により知らなかったとき」に該当し、保険者は保険契約を解除することができなくなります。

解説

1 告知妨害・不告知教唆

(1) 告知妨害・不告知教唆とは

保険法上、「告知妨害」とは、保険契約者等による告知事項についての事実の告知を妨げることをいい、「不告知教唆」とは、保険契約者等に対して告知事項に該当する事実の不告知や不実告知をすすめることをいいます（法28条2項2号・3号、55条2項2号・3号、84条2項2号・3号）。

こうした概念は、旧商法において問題とはされていたものの明確な規定はありませんでしたが（山下友信『保険法』314頁参照）、保険法においては、告知妨害や不告知教唆の規定が設けられたことにより、その定義は明確になりました。

(2) 旧商法

旧商法においては、保険者サイドから、このような「告知妨害」「不告知教唆」が行われた場合には、保険者が保険契約者等による不告知や不実告知にかかる告知事項に該当する事実を知っていた、または過失により知らなかった場合における解除権阻却事由の問題とされてきました（旧商法644条1項但書・678条1項但書）。

しかし、保険契約の締結の代理権を有する損害保険代理店などが告知妨害・不告知教唆を行ったような場合には、民法101条1項に基づき、本人（ここでは、保険者）の故意・過失が代理人（ここでは、損害保険代理店など）の故意・過失により決されること等から比較的容易に解除権の阻却を主張することが可能であった反面、生命保険募集人など通常は保険契約の締結の代理権を有さない者が告知妨害・不告知教唆を行ったような場合については、法的理論構成が困難であるという問題がありました。

このような保険契約の媒介のみを行う者による告知妨害・不告知教唆がなされた場合についても、結論として保険契約者等を保護する必要があることは明らかですが、理論構成については、裁判例や学説上、業務上の補

助者の故意・過失の問題としてとらえる見解や、保険契約の媒介を行う者にも告知受領権があるから保険者の故意・過失と同視できるといった見解などが分かれていました（山下・前掲314頁）。

(3) 保険法

そこで、保険法では、保険媒介者がこのような「告知妨害」「不告知教唆」を行った場合には、保険者の解除権が阻却されると規定し、上記の問題を立法的に解決しました（法28条2項2号・3号、55条2項2号・3号、84条2項2号・3号）。

ここで、保険媒介者とは、「保険者のために保険契約の締結の媒介を行うことができる者（保険者のために保険契約の締結の代理を行うことができる者を除く）」（法28条2項2号）をいい、典型的には生命保険募集人がこれに該当します（生命保険募集人が契約締結の代理権を有さない点については、Q56解説4(1)参照）。

保険媒介者から、「保険者のために保険契約の締結の代理を行うことができる者」（損害保険代理店など）が除かれているのは、上記(2)で述べたように、代理権を有する者が告知妨害や不告知教唆を行った場合、同人は保険契約者等の告知義務違反について故意・有過失であるといえ、さらに、民法101条1項の規定により、代理人（代理権を有する者）の故意・過失は本人（保険者）の故意・過失として評価できることから、法28条2項1号・55条2項1号・84条2項1号により解除権を阻却でき、あえて規定する必要性がなかったことによるものと考えられます（萩本修『一問一答保険法』52頁）。

(4) 保険業法

なお、保険業法では「保険会社等もしくは外国保険会社等、これらの役員（保険募集人である者を除く）、保険募集人または保険仲立人もしくはその役員もしくは使用人」が告知妨害や不告知教唆をすることを禁止行為として掲げています（保険業法300条1項2号・3号）。

ここでいう保険募集人や保険仲立人には保険契約の締結の代理権を有する者も含まれており（保険業法2条19項・20項・22項・23項など）、主体の

点で保険法における保険媒介者による告知妨害や不告知教唆の規定とは異なることとなります。

　保険業法に違反し、告知妨害や不告知教唆を行った場合には、罰則として、1年以下の懲役もしくは100万円以下の罰金、または併科の対象となり（保険業法317条の2第7号）、また保険業法に基づく行政処分の理由にもなりえます。

【告知妨害・不告知教唆がなされた場合の効果のまとめ】

	保険者自身による告知妨害・不告知教唆（実務上）	保険契約締結の代理権を有する者による告知妨害・不告知教唆（損害保険代理店など）	保険媒介者による告知妨害・不告知教唆（生命保険募集人など）
旧商法	○解除権阻却事由 保険者が告知義務違反の事実について故意・有過失 （旧商法644条1項但書・678条1項但書）	○解除権阻却事由 代理人の故意・過失を保険者自身の故意・有過失と評価 （民法101条1項、旧商法644条1項ただし書、同法678条1項ただし書）	△理論構成に、争いあり
保険法	○解除権阻却事由 　保険者が告知義務違反の事実について故意・有過失 （法28条2項1号・55条2項1号・84条2項1号）	○解除権阻却事由 　代理人の故意・過失を保険者自身の故意・有過失と評価 （民法101条1項、法28条2項1号・55条2項1号・84条2項1号）	○解除権阻却事由 　保険媒介者による告知妨害・不告知教唆 （法28条2項2号・3号、55条2項2号・3号、84条2項2号・3号）

2　事例について

　大阪地裁昭和49年7月17日判決（判例タイムズ325号277頁）は、本事例について、概要として、「生命保険の募集人は、保険契約者または被保険者が、保険会社に対して、重要な事実を告げるのを妨げ、または告げないことをすすめるなどの行為に出てはならないのであり、保険会社は、自己の正職員がかような行為をしないよう監督し注意する義務があるから、同人が告知妨害行為を行ったのは、保険会社にかような義務を怠った過失があったからであるというほかなく、このために、保険会社は被保険者の疾病を知らなかったのであるから、結局、保険会社は被保険者の疾病を知って本件契約を締結したのと同じ評価を受けなければならない」と判示し、選任過失の点を重視して、保険会社による解除を制限しました。

　このように、保険法制定前は、保険契約の締結の代理権を有さない保険募集人による告知妨害の事案についてはなんらかの法的理論構成をもって、保険会社の責任を認め、解除権を制限する必要がありましたが、保険法によって、このような保険募集人の行為については明文で解除権の阻却事由とされており、立法による解決が図られたこととなります。

　したがって、本事案において、B保険会社より告知義務違反が主張された場合、Aは、CがB保険会社の保険媒介者であること、およびCによって告知妨害が行われたことを主張、立証すれば、B保険会社の解除権の行使は認められず、給付金の支払請求は認められることとなるものと思われます。
　　　　　　　　　　　　　　　　　　　　　　　　　　　〔加來武宜〕

3　危険増加による解除

Question 58

危険増加による解除ができるのはどのような場合でしょうか。自ら危険を増加させた場合と、第三者や不可抗力で危険が増加した場合とで異なるのでしょうか。

【事例①】　AはB保険会社との間で、自宅について火災保険契約を締結しました。その後、Aの自宅の隣に薬品工場が建設されました。薬品工場が建設され2年が経過したころ、薬品工場から火災が生じ、延焼によりAの自宅が全焼しました。B保険会社の約款には、隣地の使用方法が変わった場合には通知することとはされていません。危険の増加を理由にB保険会社は解除を主張できるのでしょうか。

【事例②】　AはB保険会社との間で、居宅を用途とする自宅について火災保険契約を締結しました。その後、Aは自宅で中華料理店を営むことにしましたが、B保険会社には通知をしていませんでした。なお、B保険会社の保険契約の約款には、建物等の用途を変更したときは通知しなければならないと定めています。B保険会社は通知義務違反を理由に保険契約を解除し、責任を免れることはできるのでしょうか。

Answer

　当該危険増加に係る告知事項について、危険増加の程度が、保険料の増額を行うことにより当該保険契約を継続することができる程度のときは、①その内容に変更が生じたときは保険契約者または被保険者が保険者に遅滞なくその旨の通知をすべき旨が、当該損害保険契約（生命保険契約、傷害疾病定額保険契約）で定められている場合で、②保険契約者または被保険者が故意または重大な過失により遅滞なく通知をしなかった場合には、保険者は当該契約を解除することができます（法29条・56条・85条）。

　かかる解除権の発生は、条文上、危険増加が保険契約者や被保険者、保険者の帰責事由によるか否かで区別されていませんので、原則として、自ら危険を増加させた場合と、第三者や不可抗力で危険が増加した場合とで

は異なりません。

【事例①】 B保険会社の約款上、隣地の使用方法の変更は通知することとされていなかった以上、上記①の要件を満たさないため、B保険会社は解除を主張できません。

【事例②】 B保険会社の約款上、建物等の用途変更は通知が必要とされていますので、上記①の要件は満たします。また、本件では中華料理店への用途変更をAは認識しながら通知を怠っているため上記②の要件にも該当します。したがって、B保険会社は保険契約の通知義務違反を理由に解除し、責任を免れることはできます。

―――― 解　説 ――――

1　危険増加

　危険増加とは、告知事項についての危険が高くなり、損害保険契約（生命保険契約、傷害疾病定額保険契約）で定められている保険料が当該危険を計算の基礎として算出される保険料に不足する状態になることをいいます（法29条1項・56条1項・85条1項）。

2　旧商法下と新保険法下での危険増加の規定

(1)　旧商法

　危険増加の場合の保険者保護を目的として、旧商法下では、保険期間中の危険増加の帰責事由が保険契約者等にあるか否かで区別し、①危険が、保険契約者または被保険者の責めに帰すべき事由によって著しく変更または増加した場合には、保険契約はその効力を失うとされ（旧商法656条）、他方、②危険が、保険契約者または被保険者の責めに帰すべからざる事由によって著しく変更または増加した場合には、保険者が契約の解除をなすことができるとされていました（ただしその効力は将来効）（同法657条1項）。

　また、②保険契約者または被保険者に帰責事由がない場合でも、保険契

約者または被保険者は、危険増加を知ったときは遅滞なく保険者に通知しなければならず、これを怠ったときは危険増加時から保険契約の効力が喪失したものとされ（同条2項）、他方、保険者がかかる通知を受けたにもかかわらず遅滞なく解除を行わなかった場合には、契約を承認したものとみなされるとされていました（同条3項）。

なお、裁判例上、自動車保険における自家用車から事業用車両への用途変更がなされた場合（山形地裁酒田支判昭和62・5・28判例タイムズ657号188頁）、船舶海上保険契約において、普通貨物船が、貨物を積載しながら、他の船舶を曳船した場合（最判昭和50・1・31民集29巻1号16頁）、火災保険において、対象家屋が空き家となった場合等に危険の著しい増加が認められています（福岡地判昭和63・1・28判例タイムズ681号195頁）。

(2) **保険法**

危険の増加にかかる旧商法の規定については、危険が増加したからといって、常に契約を失効させるのでは、かえって保険者に不利益となる場合も生じるので、いかに保険契約者に帰責事由があろうとも、保険契約存続の余地は残すべきであると批判されていました。

そこで、保険法では、保険契約者の帰責事由の有無にかかわらず、一定の場合に保険者からの解除を認めるという規定に変更されています。

また、「著しく」との文言についても、旧商法上、保険契約の締結時に存在していれば、保険者が保険契約を拒絶したか、または、同じ条件では保険契約を締結しなかったであろう程度に危険が増加した場合をいうところ、保険者が告知を求める事実も契約締結の可否およびその内容に影響する事実という意味で共通することから、告知事項に変更が生じて危険が増加した場合を規律の対象とすれば足りるとの指摘がなされていました（補足説明26頁）。

このような指摘を踏まえる等し、「著しく」との文言が削除され、一方で、保険料が増加後の危険を前提とした保険料に不足するとの要件が加えられています。そして、危険増加の程度が、保険料の増額を行うことにより当該保険契約を継続することができる場合には、告知義務違反による解

除の場合とパラレルとも考えられるルールのもと例外的に保険者からの解除が認められることになっています。

具体的には、
① 当該危険増加に係る告知事項について、その内容に変更が生じたときは保険契約者または被保険者が保険者に遅滞なくその旨の通知をすべき旨が当該保険契約で定められていること
② 保険契約者または被保険者が故意または重過失により遅滞なく①の通知をしなかったこと

が求められています。

なお、解除権が認められる場合を、保険契約で通知義務が定められている場合に限定したのは、告知事項すべてについて規律の対象とするのではなく、契約締結後にどのような事実があれば契約解除等の対象とすべきかを保険者に判断させるという考えによるものです。

加えて、旧商法下では、保険期間中の危険増加のみ対象としていましたが、保険契約締結後に危険が増加した場合にも、危険増加の際の保険者保護という趣旨は合致し、またかかる場合を除外する理由もないことから、新保険法の下では、その対象を保険契約締結後の危険増加に拡大しました。

一方、危険増加の程度が保険料の増額を行うことにより当該保険契約を継続することができない場合の解除については、保険法において特段の規定は設けられていません。よって、このような場合に保険者が解除を行うとの合意や危険増加時以降の保険事故に係る免責条項は有効となります。

このような解除が当該保険契約において予定されているか否かは顧客保護上重要であるため、販売勧誘時の情報提供面である「注意喚起情報」において、「危険増加によって保険料を増額しても保険契約を継続できない（保険期間の中途で終了する）場合がある旨の約款の定めがあるときは、それがどのような場合であるか、記載すること」とされています（監督指針Ⅱ－3－3－2(2)②イ(ｳ)、Ⅱ－3－3－6(2)②イ(ｳ)等）。

〔古川純平〕

4　重大事由による解除

Question 59

保険契約の重大事由に基づく解除について教えてください。

Answer

保険法では、以下のとおり、保険契約の種類に応じて、一定の重大な事由が生じた場合に、保険者による解除権を認めています。

【損害保険契約の場合】
① 保険契約者または被保険者が、保険者に当該損害保険契約に基づく保険給付を行わせることを目的として損害を生じさせ、または生じさせようとした場合
② 被保険者が、当該損害保険契約に基づく保険給付の請求について詐欺を行い、または行おうとした場合
③ 上記①・②に掲げるもののほか、保険者の保険契約者または被保険者に対する信頼を損ない、当該損害保険契約の存続を困難とする重大な事由が生じた場合

【生命保険契約の場合】
① 保険契約者または保険金受取人が、保険者に保険給付を行わせることを目的として故意に被保険者を死亡させ、または死亡させようとした場合
② 保険金受取人が、当該生命保険契約に基づく保険給付の請求について詐欺を行い、または行おうとした場合
③ 上記①・②に掲げるもののほか、保険者の保険契約者、被保険者または保険金受取人に対する信頼を損ない、当該生命保険契約の存続を困難とする重大な事由が生じた場合

【傷害疾病定額保険契約の場合】
① 保険契約者、被保険者または保険金受取人が、保険者に当該傷害疾病定額保険契約に基づく保険給付を行わせることを目的として給付事由を発生させ、または発生させようとした場合

② 保険金受取人が、当該傷害疾病定額保険契約に基づく保険給付の請求について詐欺を行い、または行おうとした場合
③ 上記①・②に掲げるもののほか、保険者の保険契約者、被保険者または保険金受取人に対する信頼を損ない、当該傷害疾病定額保険契約の存続を困難とする重大な事由が生じた場合

解　説

1　従前までの重大事由による解除の制度

　保険契約は、偶然の保険事故の発生により保険者の保険金給付義務が発生する射倖契約であるため、保険金を得るために不正な目的で事故が招致される等といった危険性（モラルリスク）が内在しているといえます。

　しかしながら、保険事故はその発生不発生または発生の時期が偶然に支配されるという前提があってはじめて成り立っているものです。

　したがって、故意に保険事故が招致された場合、偶然の保険事故に乗じて被害が過大に仮装された場合等にまで、保険者を保険契約関係に拘束する必要はなく、かかる保険契約関係から離脱させることが望ましいといえます。

　この点、旧商法のもとでは、明文の規定はなかったものの、学説上民法や商法の規定（民法628条本文、旧商法540条2項等）の趣旨、特に賃貸借契約において議論されているいわゆる信頼関係破壊の理論等を根拠に、一定の場合には、保険者からの解除が認められるべきであると主張され、裁判例上も下記の裁判例をはじめとして、下級審で認められるようになりました。

　また、かかる学説・裁判例を受け、保険会社の約款にも、故意の保険事故招致や、詐欺による保険金請求の場合等に保険者に解除権を認める規定が置かれるようになり、かかる約款が存在するケースでは、約款に基づく解除が認められるかという点で争われるようになりました。

【大阪地裁昭和60年8月30日判決（判例タイムズ572号82頁）】

　自身を被保険者として保険契約を締結した保険契約者が、替玉殺人を行ったところ、かかる替玉殺人が発覚したため、自殺したという事例において、保険者による保険契約者の債務不履行を理由とする無催告解除が認められるかで争いになったところ、裁判所は「生命保険契約において、商法或いは保険約款に規定がなくても、その契約本来の特質から、保険契約者が保険金の取得を意図して故意に保険事故の発生を仮装するなど、生命保険契約に基づいて信義則上要求される義務に違反し、信頼関係を裏切つて保険契約関係の継続を著しく困難ならしめるような不信行為をしたような場合には、保険者は債務不履行を理由に催告を要せず生命保険契約を将来に向かつて解除することができるものと解するのが相当である。」とし、「一連の行為は、生命保険契約に基づいて信義則上保険契約者に要求される義務に違反し、信頼関係を裏切って保険契約関係の継続を著しく困難ならしめる行為にあたると解するのが相当」と判示しました。

　本判決はいわゆる特別解約権を認めたはじめての判決であり、その後の下級審判例に影響を与えました。

2　保険法の規定

　保険法では、上記のような経緯を踏まえ、重大事由解除に係る要件、効果が明文で規定されました（法30条・57条・86条）。

(1)　要　件

①　1　号

　1号は、保険者に保険給付を行わせることを目的として故意に保険事故を生じさせるまたはさせようとしたことが対象となっています。

　保険契約者等が故意に損害を生じさせた場合には保険者は免責されますが（法17条・51条・80条）、同号は保険金取得目的でこのような行為をした場合には、契約の解除事由になることも明示したものです（補足説明53頁）。

② 2号

2号は、保険給付の請求について詐欺を行う、または行おうとしたことが対象となっています。

同号は、保険者を錯誤に陥らせ、保険金を支払わせる意思で保険者に対して欺罔行為を行ったという意味であり、現に保険金を受けることまで要件とするものではありません（補足説明53頁～54頁）。

2号による解除が認められるには、保険者が解除することもやむをえないほどの信頼関係を破壊する重大事由が発生している必要があるため、同号の「詐欺」とは信頼関係を破壊するような詐欺行為をいい、軽微なものを含まないものと解されます。

③ 3号

3号は、包括的な条項であり、前2号を踏まえて解釈されることになります。

具体的には、保険金を取得するために被保険者以外の者を殺害し、被保険者が死亡したように仮装した場合（前掲・大阪地判昭和60・8・30参照）が当たるとされ、保険者を共通にする他の契約または保険者を異にする他の契約において解除事由に当たる行為があった場合にも事案によってはこれに当たると指摘されています（補足説明54頁）。

また、複数の給付に関する約定が複合した契約（たとえば、生命保険会社の契約ではいわゆる主契約で死亡給付等について約定がされ、いわゆる特約という形で傷害・疾病に関する給付が約定されることがある）について、1つの契約について1号から3号の解除事由がある場合には、他の契約については3号に当たる場合もあると考えられています（補足説明54頁）。

(2) 効　果

解除の効果は、将来に向かってのみその効力が生じ（法31条1項・59条1項・88条1項）、本条各号の事由が生じた時から解除がされた時までに発生した保険事故による損害については、保険者は責任を負わないことになりました（法31条2項3号・59条2項3号・88条2項3号）。

〔古川純平〕

5　被保険者による解除請求

Question 60

被保険者となることに同意した場合にも、被保険者は保険契約から離脱することはできるのでしょうか。

【事例】Aの子Bは、C保険会社との間で、Aを被保険者兼保険金受取人とし、Aの死亡を保険事故とする生命保険契約を締結しました。AはBが、上記生命保険契約を締結することに同意していましたが、その後AはBがAの殺害を計画していることを知るに至りました。Aがこのような契約から、離脱する方法はありますか。

Answer

被保険者による解除が認められる場合は、以下の1ないし3記載のとおりです。

1　死亡保険契約の被保険者が当該契約の当事者以外の者である場合（法58条）。

① 前条1号または2号に掲げる事由がある場合（Q59参照）
② ①のほか、被保険者の保険契約者または保険金受取人に対する信頼を損ない、当該死亡保険契約の存続を困難とする重大な事由がある場合
③ 保険契約者と被保険者との間の親族関係の終了その他の事情により、被保険者が当該生命保険契約締結に同意するにあたって基礎とした事情が著しく変更した場合

2　傷害疾病定額保険契約の被保険者が当該契約の当事者以外の者である場合（法87条）

上記の死亡保険契約の場合の①ないし③に加え、被保険者（被保険者の死亡に関する保険給付にあっては、被保険者またはその相続人）が保険金受取人である場合で、被保険者が当該契約締結に同意していなかった場合も解除が可能とされています（ただし、③の「当該生命保険契約締結」は「当該傷害疾病定額保険契約」となる）。

3　傷害疾病損害保険契約の被保険者が、当該契約の当事者以外の者であるときは、当該被保険者は、保険契約者に対し、当該保険契約者との間に別段の合意がある場合を除き、当該傷害疾病損害保険契約の解除を請求することができます（法34条）。

　　4　上記1ないし3いずれも保険契約者に対して解除請求をできるにとどまるため、実際に保険契約者が解除請求に応じない場合には、被保険者は保険契約者に対し、解除の意思表示をすることを求めて訴えを提起する必要が生じます。

【事例に対する回答】

　本件は、保険契約者Bが、保険者に保険給付を行わせることを目的として故意に被保険者Aを死亡させようとした場合に該当することから、Aは、Bに対して契約の解除をするよう請求することができます。

　もっとも、Bが契約の解除の意思表示をCに対して行わない場合は、Aが契約関係から離脱するためには、Bに対して解除の意思表示をすることを求めて訴えを提起する必要があります。

解　説

1　生命保険、傷害疾病定額保険

(1)　総　論

　他人の生命の死亡保険契約や、他人を被保険者とする傷害疾病定額保険契約（被保険者が保険金受取人の場合を除く）においては、被保険者の同意が効力要件とされ（法38条・67条）、法的安定性の見地から、契約締結後のかかる同意の撤回はできないものとされています。

　しかしながら、被保険者が自己の死亡や傷害等を保険金の給付事由とすることに同意したのは、保険契約者、保険金受取人との間の信頼関係に由来するところ、かかる信頼関係を損ない、契約の存続が困難となる事由が発生した場合（その典型例は、保険契約者や保険金受取人が保険金の給付事由（被保険者の死亡、傷害、疾病）を発生させようと、被保険者に危害を加えた場

合やそのおそれがある場合）や、その信頼の基礎となる事情が著しく変更した場合（その典型例は、妻が被保険者で、夫が保険契約者兼受取人の生命保険契約を締結したが離婚した場合）は、被保険者をこれ以上契約関係に拘束する理由はなく、むしろ、契約関係から離脱する術を与える必要があることから、これらの場合には、被保険者に契約解除の請求権を認めています。

(2) 要　件
① 法58条1項1号・2号、87条1項2号・3号
　Q59で記載した、保険者に解除権を発生させる重大事由が生じた場合、すなわち、保険給付目的での故意での保険事故招致や、詐欺による保険金請求の場合には、被保険者に解除請求が認められます。

　また、Q59の重大事由による解除では、保険者の保険契約者、被保険者または保険金受取人に対する信頼を損ない、当該生命保険契約の存続を困難とする重大な事由にも保険者による解除が認められていましたが、本条では、被保険者の保険契約者または保険金受取人に対する信頼を損ない、当該死亡保険契約の存続を困難とする重大な事由があるには、被保険者の解除請求を認めています。

　以上のような場合には、被保険者の同意時には存在していたであろう、被保険者と保険契約者等との間の信頼関係が破壊されており、まさに、前述した、「被保険者をこれ以上契約関係に拘束する理由はなく、むしろ、契約関係から離脱する術を与える必要がある場合」ですので、被保険者に解除請求が認められました。

② 法58条1項3号・87条1項4号
　保険契約者と被保険者との間の親族関係の終了その他の事情により、被保険者が当該生命保険契約締結に同意するにあたって基礎とした事情が著しく変更した場合、たとえば、夫（保険契約者）と妻（被保険者）が離婚した場合には、通常、夫婦関係から生じる信頼関係に基づき、妻が同意していたと考えられるところ、かかる夫婦関係が離婚により消滅すると、元妻が同意する理由がなくなり、妻を「これ以上契約関係に拘束する理由がなく、むしろ、契約関係から離脱する術を与える必要がある場合」といえま

すので、解除請求が認められました。

　③　法87条1項1号

　傷害疾病定額保険契約において、当事者以外の者を被保険者とするが、当該被保険者（被保険者の死亡に関する保険給付にあっては、被保険者またはその相続人）が保険金受取人である場合には、被保険者の同意は効力要件とはされていません。

　したがって、不同意を表明する機会も与えられていない被保険者には、契約関係から離脱する術を与えておく必要があるため、かかる場合の被保険者には、解除請求権が認められました。

　被保険者がいつでも解除請求できるのでは、契約関係が不安定になり不合理であるとも思われますが、被保険者から同意を得ておけば、本号の適用はないため（法87条1項1号かっこ書）、合理的な規定と考えられます。

2　傷害疾病損害保険契約

　傷害疾病損害保険契約において、当事者以外の者を被保険者とする場合には、当該被保険者は当然に当該傷害疾病損害保険契約の利益を享受するとされ（法8条）、被保険者の同意は不要とされています。

　したがって、上記1⑵③の場合と同様に、不同意を表明する機会も与えられていない被保険者には、契約関係から離脱する術を与えておく必要があるため、かかる場合の被保険者には、被保険者と保険契約者との間に別段の合意がある場合を除き、解除請求権が認められています（法34条1項）。

3　解除請求の効果

　Q59の保険者による重大事由による解除の場合と異なり、被保険者は保険契約者に対して解除請求をなしうるにとどまります。

　したがって、被保険者の解除請求を受けたにもかかわらず、保険契約者が解除しない場合には、被保険者は保険契約者に対して、解除の意思表示を求める訴訟を提起する必要があります（民法414条2項ただし書）。

被保険者がかかる訴訟に勝訴し確定した場合、または、保険者の解除の意思表示を認める裁判上の和解等が成立した場合には、保険契約者の解除の意思表示が擬制されます（民事執行法174条1項本文）ので、被保険者は、確定等を示す資料（判決謄本等）を保険者に提示し、当該保険契約を解除することになると考えられます。

〔古川純平〕

6　解除の効力

Question 61

保険契約が解除されると、これまで支払った保険料はどうなりますか。また、すでに保険事故が発生していた場合はどうなりますか。

Answer

保険契約が解除された場合、これまで支払った保険料は原則として戻ってきません。ただ、生命保険契約および傷害疾病定額保険契約の場合、保険料積立金の払戻しという形でこれまで支払った保険料の一部の返還を受けることができる場合があります。

また、保険契約が解除された時点で、すでに保険事故が発生していた場合、基本的には保険給付義務は残ることになりますが、保険者が①保険契約者等の告知義務違反により解除した場合、②危険増加により解除した場合、③重大事由により解除した場合には、保険者は保険給付義務を負わない場合があります。

―――――――― 解　説 ――――――――

1　保険契約の解除の効力

　保険契約の解除は、将来に向かってのみその効力を生ずると規定されています（法31条1項・59条1項・88条1項）。そのため、保険契約が解除されるまでに保険契約者が保険者へ支払った保険料は有効な支払ということになり、保険者はこれを返還する義務を負いません。

　ただ、生命保険契約および傷害疾病定額保険契約においては、保険料積立金の払戻しという形でこれまで支払った保険料の一部の返還を受けることができる場合があります。

　保険料積立金とは、保険者が受領した保険料の総額のうち、当該保険契約にかかる保険給付に充てるべきものとして、保険料または保険給付の額を定めるための予定死亡率（給付事由の発生率）、予定利率その他の計算の

基礎を用いて算出される金額に相当する部分のことをいいます（法63条・92条）。

要するに、生命保険契約および傷害疾病定額保険契約において、保険契約者が支払う保険料には、将来の保険金の支払に充てるために支払われている部分があり、保険契約が解除されるなどして、結果として保険金の支払がなされなくなった場合に、その積み立てられた部分については保険契約者に返還されることになる、ということです。

そのため、生命保険契約および傷害疾病定額保険契約が解除された場合には、保険料積立金の返還がなされるかどうかが問題となります。

この点、保険法は、保険料積立金の返還事由を、①保険者の免責事由に該当する場合（ただし、保険契約者の故意による場合を除く（法51条各号・80条各号（いずれも2号を除く））)、②保険者の責任開始前の保険契約者による任意解除（法54条・83条）および被保険者からの解除請求（法58条2項・87条2項）、③危険増加による解除（法56条・85条）、④保険者の破産による保険契約者からの解除（法96条1項）、または失効（同条2項）を定めています（法63条・92条）。

したがって、上記②③④の解除の場合には、保険契約者は保険料積立金の払戻しを受けることができます。ただ、この場合でも、保険者が保険給付を行う責任を負っている場合があり、その場合は、保険給付がなされることになるため、保険料積立金は支払われません。

解除の類型としては、上記②③④の他に、告知義務違反による解除（法55条・84条）や重大事由による解除（法57条・86条）がありますが、保険契約者側の責めに帰すべき事由が大きいため、保険者は保険料積立金の払戻義務を負いません（法63条は55条および57条の解除は除外している）。

なお、保険契約者からの任意解除の場合、解約返戻金のある保険商品であれば、解約返戻金として保険料の一部が実質的に返戻される場合があります。

2　保険契約が解除された時点ですでに保険事故が発生していた場合

　保険契約の解除は、将来に向かってのみその効力を生ずるため、保険契約が解除された時点で保険事故が発生していた場合には、保険者の保険給付義務はなくなりません。ただ、保険法は保険者が一定の事由に基づき保険契約を解除した場合には、保険者が保険給付義務を負わない場合があることを規定しています（法31条2項・59条2項・88条2項）。

(1)　告知義務違反による解除の場合

　保険者は、保険契約者または被保険者が、告知事項について、故意または重大な過失により事実の告知をせず、または不実の告知をしたときは、保険契約を解除することができます（法28条1項・55条1項・84条1項）。

　そして、保険者がかかる規定に基づいて保険契約を解除した場合には、解除された時までに発生した保険事故に基づく保険給付については保険者は免責される旨、規定されています（法31条2項1号・59条2項1号・88条2項1号）。もっとも、保険契約者または被保険者に告知義務違反があったとしても、告知義務違反にかかる事実に基づかずに発生した保険事故については、保険者は保険給付を免れません。

(2)　危険増加による解除の場合

　保険者は、保険契約締結後に危険増加が生じた場合、①当該危険増加に係る告知事項について、その内容に変更が生じたときは保険契約者または被保険者が保険者に遅滞なくその旨の通知をすべき旨が当該保険契約で定められており、かつ、②保険契約者または被保険者が故意または重大な過失により遅滞なく①の通知をしなかった場合には、当該保険契約を解除することができます（法29条1項・56条1項・85条1項）。

　そして、保険者がかかる規定に基づいて保険契約を解除した場合には、解除に係る危険増加が生じた時から解除されたときまでに発生した保険事故に基づく保険給付については保険者は免責される旨、規定されています（法31条2項2号・59条2項2号・88条2項2号）。

　もっとも、当該危険増加をもたらした事由に基づかずに発生した保険事

故については、保険者は保険給付を免れません。

(3) 重大事由による解除の場合

保険者は、①保険契約者等（損害保険においては保険契約者または被保険者、生命保険においては保険契約者または保険金受取人、傷害疾病定額保険においては、保険契約者、被保険者または保険金受取人）が、保険者に当該保険契約に基づく保険給付を行わせることを目的として保険事故を発生させ、または発生させようとしたこと、②被保険者が、当該保険契約に基づく保険給付の請求について詐欺を行い、または行おうとしたこと、③保険者の保険契約者または被保険者に対する信頼を損ない、当該保険契約の存続を困難とする重大な事由がある場合には、当該保険契約を解除することができます（法30条・57条・86条）。

そして、保険者がかかる規定に基づき保険契約を解除した場合には、上記各事由が生じた時から解除された時までに発生した保険事故に基づく保険給付については保険者は免責される旨、規定されています（法31条2項3号・59条2項3号・88条2項3号）。

〔衛藤祐樹〕

7 契約当事者以外による解除

Question 62

　私の夫を保険契約者兼被保険者とする死亡保険契約の継続中に、夫について破産手続開始決定がなされました。妻である私はその保険の保険金受取人となっていますが、これまで長期間保険料を支払ってきた保険ですし、また保険契約時より夫の健康状態が悪化しており、今後同様の死亡保険契約に加入することが困難であるため、何とかこの保険契約を継続したいと考えています。何かよい方法はないでしょうか。

Answer

　設問にある保険契約は、保険料積立金のある死亡保険と考えられますので、保険受取人である妻は、介入権（法60条）を行使することによって、当該保険契約を継続することが可能であると考えられます。

解　説

1　介入権の意義

　死亡保険契約や傷害疾病定額保険契約の保険契約者が破産した場合、保険契約者の保険契約に関する管理処分権は破産管財人に帰属し、破産管財人は、保険者（保険会社）に対し解約権を行使して（破産法53条）、解約返戻金等を破産財団に組み入れるのが通例です。

　しかし、保険契約が破産管財人によって解約されてしまいますと、被保険者が高齢であった場合や保険契約時より健康状態が悪化していた場合には、新たに保険契約に加入することができないおそれがあります。また、死亡保険や傷害疾病定額保険は遺族等の生活保障の機能を有しますので、かかる死亡保険等については、保険契約者が破産した場合にも遺族等の保護を図るため、一定の要件のもと、継続させるべきだとの議論がなされてきました。

　このような背景を踏まえ、保険法は、保険契約者の破産等の場合に、一

定の要件のもと、死亡保険契約や傷害疾病定額保険の保険金受取人に対して、保険契約を継続させる権利を認めました（法60条・89条）。これを介入権といいます。

なお、上記のように保険契約者の破産管財人が保険契約者の保険契約を解約して解約返戻金を破産財団に組み入れようとする場合のほか、保険契約者の債権者が債務名義を得たうえで保険契約の解約返戻金請求権を差し押さえ、解約権を行使し（最判平成11・9・9民集53巻7号1173頁）、解約返戻金を取り立てる場合（民事執行法155条1項）、保険金請求権の質権者が取立権を行使して保険契約を解約し、解約返戻金を被担保債権に充当しようとする場合にも、一定の要件のもと、保険金受取人は介入権を行使することができます。

2　介入権行使の要件

保険金受取人が介入権を行使するための要件は、以下のとおりです。
① 保険金受取人となっている保険契約が死亡保険契約または傷害疾病保険契約であって、保険料積立金があるものであること（法60条1項・89条1項）
② 保険契約の解除（解約）を通知した者が差押債権者や破産管財人であること（法60条1項・89条1項）
③ 保険金受取人が、解除（解約）の通知時において、保険契約者ではなく、保険契約者もしくは被保険者の親族または被保険者であること（法60条2項・89条2項）
④ 介入権行使について、保険契約者の同意を得ること（法60条2項・89条2項）
⑤ 保険者（保険会社）が解除（解約）の通知を受けたときから1か月以内に、当該通知の日に解除の効果が生じたとすれば保険者が解除権者に対して支払うべき金額を解除権者に対して支払うこと（法60条2項・89条2項）
⑥ 保険者（保険会社）に対して、⑤を通知すること（法60条2項・89

条2項)

3　介入権行使の効果

上記2の要件をすべて充足してはじめて適法な介入権の行使となり、この場合には、破産管財人等による解約の効力は生じず、当該保険契約は有効に存続することになります（法60条1項・2項、89条1項・2項）。

4　強行法規

介入権に関する規定は、その性質上、強行法規とされています。したがって、介入権を排除する約定や、要件を緩和、加重する約定をしても、その効力は生じないことになります。

5　設問に対する回答

設問にある保険契約は、保険料積立金のある死亡保険と考えられますので、保険受取人である妻は、介入権（法60条）を行使することによって、当該保険契約を継続することが可能であると考えられます。

〔國吉雅男〕

8　保険料積立金の払戻し

Question 63

保険料積立金の払戻しが受けられるのはどのような場合でしょうか。

Answer

　生命保険および傷害疾病定額保険において、①保険者の免責（法51条各号（2号を除く）・80条各号（2号を除く））、②保険者の責任が開始する前における保険契約者による解除（法54条・58条2項・83条・87条2項）、③危険増加による保険者の解除（法56条1項・85条1項）、④保険者の破産による保険契約者の解除（法96条1項）または契約失効（同条2項）により、当該保険契約が終了した場合で、かつ、保険者が保険給付を行う責任を負っていないときに、保険契約者は保険者から当該契約終了時における保険料積立金の返還を受けることができます（法63条・92条）。

解　説

1　保険料積立金

　保険料積立金とは、保険者が受領した保険料の総額のうち、当該保険契約に係る保険給付に充てるべきものとして、保険料または保険給付の額を定めるための予定死亡率（給付事由の発生率）、予定利率その他の計算の基礎を用いて算出される金額に相当する部分と定義されています（法63条・92条）。

　生命保険では、払い込まれる保険料の中から将来の保険給付をするための資金が保険会社のもとで積み立てられるという仕組みがとられており、保険契約が保険事故の発生または保険期間の満了という目的到達による終了の前に中途消滅した場合には、保険契約者は保険者に対して、保険者のもとに積み立てられていた積立金のうち当該保険契約者の契約に対応する部分の全部または一部を返還することを請求する権利を有するものとされているのです。傷害疾病定額保険においても、同様の権利があるとされて

います。

2　保険料積立金の払戻し

　生命保険および傷害疾病定額保険において、以下の事由により保険契約が終了した場合で、かつ、保険者が保険給付を行う責任を負っていないときに、保険契約者は保険者から当該契約終了時における保険料積立金の返還を受けることができます（法63条・92条）。

(1)　保険者の免責

①　生命保険

　生命保険においては、被保険者が死亡した場合、保険者が保険給付を行うことになりますが、ア．被保険者が自殺したとき、イ．保険契約者が被保険者を故意に死亡させたとき、ウ．保険金受取人が被保険者を故意に死亡させたとき、エ．戦争その他の変乱によって被保険者が死亡したときは、保険者は保険給付を行う責任を免れます（法51条）。そのため、上記アないしエの事由による被保険者の死亡の場合には、保険者は保険給付を行う必要はありませんが、上記ア、ウ、エの事由による被保険者の死亡の場合には、保険者は保険契約者に保険料積立金の返還する必要があります。

②　傷害疾病定額保険

　傷害疾病定額保険においては、被保険者に給付事由（傷害疾病による治療、死亡その他の保険給付を行う要件として傷害疾病定額保険契約で定められる事由）が発生した場合に、保険者が保険給付を行うことになりますが、ア．被保険者が故意または重大な過失により給付事由を発生させたとき、イ．保険契約者が故意または重大な過失により給付事由を発生させたとき、ウ．保険金受取人が故意または重大な過失により給付事由を発生させたとき、エ．戦争その他の変乱によって給付事由が発生したときには、保険者は保険給付を行う責任を免れます（法80条）。そのため、上記アないしエの事由による給付事由の発生の場合には、保険者は保険給付を行う必要はありませんが、上記ア、ウ、エの事由による給付事由の発生の場合には、保険者は保険契約者に保険料積立金を返還する必要があります。

①生命保険、②傷害疾病定額保険のいずれの場合も、イについては、保険者に保険料積立金の返還義務は生じませんが、これはイの場合は、保険料積立金を受領することになる保険契約者の故意または重大な過失に起因するものであるため、かかる保険契約者に対する制裁的な意味合いから、保険料積立金の返還がなされないものとなっています。

(2) **保険者の責任が開始する前における保険契約者による解除**

　生命保険、傷害疾病定額保険のいずれの保険契約であっても、保険契約者は、いつでも保険契約を解除することができ（法54条・83条）、その場合には、保険者は保険契約者に保険料積立金は返還することになります。

　また、保険契約の被保険者と保険契約者が異なる場合、一定の事由がある場合、被保険者は保険契約者に対して、当該保険契約の解除を請求することができ（法58条1項・87条1項）、その場合に、保険契約者は当該保険契約を解除することができます（法58条2項・87条2項）。そして、かかる規定に基づく保険契約の解除の場合、保険者は保険契約者に保険料積立金を返還することになります。

(3) **危険増加による保険者の解除**

　保険者は、保険契約締結後に危険が増加した場合に、一定の事由があれば当該保険契約を解除することができます（法56条1項・85条1項）。そして、かかる規定に基づく保険契約の解除の場合、保険者は保険契約者に保険料積立金を返還することになります。

(4) **保険者の破産による保険契約者の解除（法96条1項）または契約失効（同条2項）**

　保険者が破産手続開始の決定を受けたときは、保険契約者は、保険契約を解除することができます（法96条1項）。また、保険者が破産手続開始の決定を受けたにもかかわらず、保険契約者が契約を解除しない場合は、破産手続開始決定の日から3か月を経過した日に当該保険契約は失効することになります（同条2項）。これらの規定に基づいて保険契約が終了した場合には、保険者は保険契約者に保険金積立金を返還することになります。

〔衛藤祐樹〕

9　保険料返還の制限

Question 64

保険契約の無効または取消しによる保険料の返還の制限について教えてください。

Answer

①保険契約者等の詐欺または強迫を理由として当該保険契約に係る意思表示が取り消された場合、②遡及保険の規定により当該保険契約が無効とされる場合には、保険契約者の保険料返還請求権は制限され、保険者は保険料返還義務を負いません。

――――― 解　説 ―――――

1　無効・取消し

契約の無効とは、当該契約が当初から成立していないということをいいます。また、契約の取消しとは、取消権者が当該契約を取り消すまでは有効なものとして取り扱われるが、取消しの意思表示がなされた場合、はじめから無効であったものとみなされるという法律行為のことをいいます。

そのため、契約が無効あるいは取り消された場合、当該契約ははじめから成立していなかったことになるため、契約の成立を前提として履行された部分について、各当事者は原状回復義務を負うことになります。

2　保険契約の無効・取消し

保険契約においても、基本的には、当該契約が無効あるいは取り消された場合には、保険契約者がすでに支払っている保険料があれば、保険者はその保険料を返還する義務を負うことになります。

ただ、保険契約の場合、保険契約者に保険料を返還しないというペナルティを課すことが相当とされる一定の場合には、保険契約者が保険料の返還を請求することが制限されています。具体的には、①保険契約者等（損

害保険の場合、「保険契約者または被保険者」、生命保険および傷害疾病定額の場合、「保険契約者、被保険者または保険金受取人」）の詐欺または強迫を理由として当該保険契約に係る意思表示が取り消された場合（法32条1号・64条1号・93条1号）、②遡及保険の規定により当該保険契約が無効とされる場合（法32条2号・64条2号・93条2号）に、保険者は保険料返還義務を負いません。

ただ、②については、保険者が給付事由の発生を知って当該保険契約の申込みまたはその承諾をした場合は、保険者は、保険料返還義務を負うことになります（法32条2号ただし書・64条2号ただし書・93条2号ただし書）。なお、保険料返還の制限の規定（法32条・64条・93条）は、片面的強行規定とされており（法33条2項・65条3号・94条3号）、この規定に反する特約で保険契約者に不利なものは無効となります。

〔衛藤祐樹〕

10 片面的強行規定

Question 65

保険法における「保険契約の終了」に関する規定の中で、片面的強行規定とされているのはどの規定でしょうか。また、片面的強行規定違反とされる具体例についても教えてください。

Answer

保険法において、保険契約の終了に関する規定中、片面的強行規定とされているものは、以下のとおりです。

① 告知義務違反による解除（法28条1項～3項・55条1項～3項・84条1項～3項）
② 危険増加による解除（法29条1項・56条1項・85条1項）
③ 重大事由による解除（法30条・57条・86条）
④ 解除の効力（法31条・59条・88条）
⑤ 保険料の返還の制限（法32条・64条・93条）
⑥ 保険料積立金の払戻し（法63条・92条）（生命保険、傷害疾病保険）

解 説

片面的強行規定を一覧にまとめると以下のようになります。

保険契約の終了		33条・65条・94条		
	片面的強行規定	条文	誰にとって不利か	片面的強行法規違反の約款の具体例
損　害	告知義務違反による解除	28条1項～3項	保険契約者 or 被保険者	保険契約者等に軽過失があるにすぎない場合にも解除できるとする約定
生　命		55条1項～3項		保険者に軽過失があっても契約の解除ができるとする約定
傷害疾病		84条1項～3項		保険媒介者による告知妨害等があっても常に保

264

V　契約の終了

				険者は解除できるという規定
損　害	危険増加による解除	29条1項	保険契約者or被保険者	危険に関する重要な事項で保険者が告知を求めたもの以外の事項について、通知義務を課し、その義務違反を理由に解除することができる約定
生　命		56条1項		
傷害疾病		85条1項		
損　害	危険増加による解除	30条	保険契約者or被保険者（※）	保険者に任意解約権を認めるような約定
生　命		57条	保険契約者or被保険者or保険金受取人	
傷害疾病		86条		
損　害	解除の効力	31条	保険契約者or被保険者	告知義務違反にかかる告知事項あるいは危険増加をもたらした事由と因果関係のない保険事故であっても解除ができるという約定
生　命		59条	保険契約者or被保険者or保険金受取人	
傷害疾病		88条		
損　害	保険料の返還の制限	32条	保険契約者	保険者に損害等が生じていないのに、保険契約が無効または取り消された場合は、常に不当利得返還請求を認めない旨の約定
生　命		64条		
傷害疾病		93条		
生命保険	保険料積立金の払戻し	63条	保険契約者	保険者の免責事由に該当する場合に保険料積立金を支払わないといった約定
傷害疾病		92条		

※被保険者の死亡によって生ずる損害をてん補する傷害疾病損害保険契約にあっては、被保険者またはその相続人

265

1　保険契約の終了に関する規定中の片面的強行規定（法33条・65条・94条）

保険契約の終了に関する規定中の片面的強行規定は以下のとおりです。
① 告知義務違反による解除（法28条1項～3項・55条1項～3項・84条1項～3項）
② 危険増加による解除（法29条1項・56条1項・85条1項）
③ 重大事由による解除（法30条・57条・86条）
④ 解除の効力（法31条・59条・88条）
⑤ 保険料の返還の制限（法32条・64条・93条）
⑥ 保険料積立金の払戻し（法63条・92条）（生命保険、傷害疾病保険）

2　告知義務違反による解除（法28条1項～3項・55条1項～3項・84条1項～3項）

(1)　法28条1項・55条1項・84条1項

① 規定の内容

損害保険に関する法28条1項は、「保険者は、保険契約者又は被保険者が、告知事項について、故意又は重大な過失により事実の告知をせず、又は不実の告知をしたときは、損害保険契約を解除することができる」とし、告知義務違反による解除について規定しています。法33条1項は、かかる規定に反する特約で保険契約者または被保険者にとって不利な特約は無効とするとしています。

生命保険、傷害疾病保険についても同様の規定があります（法65条1号・55条1項、94条1号・84条1項）。

② 具体例

たとえば、重要ではない危険に関する事項について告知を求め、これを前提として契約の解除をすることができるとする約定や、保険契約者等に軽過失があるにすぎない場合にも解除できるとする約定は、保険契約者または被保険者にとって不利といえますので無効となります（補足説明10

頁)。

(2) 法28条2項・55条2項・84条2項
① 規定の内容
損害保険に関する保険法28条2項は、同条1項の例外として、告知義務違反があっても保険者が損害保険契約を解除できない以下の3つの場合について規定しています。

　　イ　不告知または不実告知にかかる告知事項について保険者が悪意または有過失
　　ロ　保険媒介者による告知妨害
　　ハ　保険媒介者による不告知、不実告知の教唆

そして、法33条により、かかる規定に反する特約で保険契約者または被保険者にとって不利なものは無効とされています。

生命保険、傷害疾病保険についても同様の規定がなされています（法65条1号・55条2項、94条1号・84条2項）。

② 具体例
たとえば、保険者に軽過失があっても契約の解除ができるとする約定は、保険契約者または被保険者にとって不利といえますので、無効となります（補足説明12頁）。

(3) 法28条3項・55条3項・84条3項
① 規定の内容
損害保険に関する法28条3項は、保険媒介者による告知妨害、保険媒介者による不告知、不実告知の教唆があった場合でも、かかる保険媒介者の行為がなくても保険契約者または被保険者が告知事項を告知せず、または不実の告知をしたと認められるときには、保険者が保険契約を解除できることを規定しています。

これに反する特約で、保険契約者または被保険者にとって不利なものは無効とされています（法33条1項）。

生命保険、傷害疾病保険についても同様です（法65条1号・55条3項、94条1号・84条3項）。

② 具体例

たとえば、保険媒介者による告知妨害や、不告知・不実告知の教唆があっても常に保険者は解除できるという規定は、本条項に反する特約で保険契約者または被保険者にとって不利といえますので、無効となります。

(4) 法28条4項・55条4項・84条4項

なお、法28条4項・55条4項・84条4項は、解除権の消滅時効について規定しています。これらの規定は強行規定とされています。

3 危険増加による解除（法29条1項・56条1項・85条1項）

(1) 規定の内容

損害保険に関する法29条1項は、保険契約締結後に保険料の算出に影響が出るような危険の増加があった場合について、保険契約上、保険契約者または被保険者が危険増加にかかる告知事項について変更が生じた場合に遅滞なく通知する義務を課しており、かつ、保険契約者または被保険者が故意または重大な過失により保険者に遅滞なく通知しなかった場合には、保険者は解除できると規定しています。

これに反する特約で、保険契約者または被保険者に不利なものは無効とされています（法33条1項）。

生命保険、傷害疾病保険についても同様の規定がなされています（法65条1号・56条1項、94条1号・85条1項）。

なお、法29条2項・56条2項・85条2項は、解除権の消滅時効について規定しています。これらの規定は強行規定とされています。

(2) 具体例

たとえば、危険に関する重要な事項で保険者が告知を求めたもの以外の事項について、通知義務を課し、その義務違反を理由に解除することができる約定や、保険契約者等に軽過失があるにすぎない場合でも解除できるといった約定、保険契約者または被保険者以外の者に通知を求め、これを前提に契約の解除ができるとする約定は、保険契約者または被保険者に不利なものといえますので、無効となります（補足説明27頁）。

4　重大事由による解除（法30条・57条・86条）

(1)　規定の内容

　法30条・57条・86条は、①故意の保険事故招致（未遂も含む）、②保険金詐欺（未遂も含む）、③その他信頼関係破壊により保険契約存続困難となる重大事由があるときには、保険者は保険契約を解除できる旨規定しています。

　そして、かかる規定に反する特約で、損害保険にあっては、保険契約者または被保険者にとって不利なもの、生命保険および傷害疾病保険にあっては、保険契約者、被保険者または保険金受取人にとって不利なものは無効とされています（法33条1項・65条2号・94条2号）。

(2)　具体例

　たとえば、保険契約が解除できる場合を法定し、片面的強行規定としていることから、保険者に任意解約権を認めるような約定は、法30条・57条・86条に反し、無効となります（補足説明55頁）。

5　解除の効力（法31条・59条・88条）

(1)　規定の内容

　法31条・59条・88条は、保険契約の解除の効力として、1項で将来効を定め、2項で保険金支払義務を免れる場合について規定しています。法31条2項では、①告知義務違反解除の場合に、解除前に発生した告知義務違反に係る事項と因果関係のある保険事故による損害、②危険増加による解除の場合に、解除前に危険増加をもたらした事由に基づいて発生した保険事故による損害、③重大事由による解除の場合に、重大事由が生じたときから解除されたときまでに発生した保険事故による損害について保険金支払義務を免れるとしています。生命保険、傷害疾病保険も同様の規定があります。

　そして、これに反する特約で、損害保険にあっては保険契約者又は被保険者にとって不利なもの、生命保険および傷害疾病保険にあっては保険契

約者、被保険者または保険金受取人にとって不利なものは無効とされています（法33条1項・65条2号・94条2号）。

(2) 具体例

たとえば、告知義務違反にかかる告知事項あるいは危険増加をもたらした事由と因果関係のない保険事故であっても解除ができるという規定は、保険契約者または被保険者（または保険金受取人）にとって不利な特約ですので、無効となります。

6 保険料の返還の制限（法32条・64条・93条）

(1) 規定の内容

保険法は32条・64条・93条において、①保険契約者または被保険者の詐欺または強迫を理由として保険契約にかかる意思表示を取り消した場合、②保険契約が遡及保険の規定により無効となる場合には、保険者は保険料を返還する義務を負わない旨を規定しており、かかる規定に反する特約で保険契約者に不利なものは無効とされています（法33条2項・66条3号・95条3号）。

(2) 具体例

たとえば、保険料の返還が制限されるのは、法32条・64条・93条に規定した場合のみとなりますので、保険者に損害等が生じていないのに、保険契約が無効または取り消された場合は、常に不当利得返還請求を認めない旨の約定は、許容されないことになります（補足説明23頁）。

7 保険料積立金の払戻し（法63条・92条）（生命保険、傷害疾病保険）

(1) 規定の内容

生命保険に関し、法63条は、①保険者の免責事由（法51条各号（2号を除く））、②責任開始前における保険契約者からの任意解除（法54条）、または被保険者による解除請求（法58条）、③危険増加による解除（法56条1項）、④保険者の破産による解除または失効（法96条1項2項）の場合に、

保険者が保険料積立金の払戻義務を負うことを規定しています（ただし、保険者が保険給付を行うときは保険料積立金を払い戻す必要はない（法63条柱書ただし書））。

傷害疾病保険についても、これと同様の規定があります（法92条）。

そして、これらの規定に反する特約で保険契約者に不利なものは無効とされています（法65条3号・95条3号）。

(2) **具体例**

たとえば、保険者の免責事由に該当する場合に保険料積立金を支払わないといった約定は許されないと解されます。

〔松本久美子〕

VI

その他

1 保険金請求権の消滅時効

Question 66

保険金請求権の消滅時効について教えてください。また、その起算点はいつになるのでしょうか。

Answer

保険金請求権の消滅時効期間は3年です。消滅時効期間の起算点については、保険法に特段の規定がないため、民法の規定に従い、「権利を行使することができる時」から消滅時効は進行することになります（民法166条1項）。ただ、「権利を行使することができる時」とは具体的にどの時点のことなのかという点については見解が分かれています。

―― 解　説 ――

1 消滅時効とは

時効とは、一定の時の経過に対して、権利の取得あるいは権利の消滅を認める制度です。権利の取得を認める制度を取得時効といい、権利の消滅を認める制度を消滅時効といいます。

時効制度の趣旨としては、①長期間にわたって継続している事実状態を尊重して、その事実状態を前提としてなされた社会秩序や法律関係の安定を図ること、②長期間の経過による証拠関係が不明瞭になってしまうことから真の権利者を保護すること、③長期間、権利の上に眠る者は保護に値しない、などの理由が挙げられます。

時効制度において、権利の取得あるいは権利の消滅の効果が生じるためには、①一定期間の経過、②時効により利益を受ける者が「援用」すること、という2つの要件が必要となります。このうち経過すべき一定の期間については、債権の消滅時効については、原則として、10年間と定められていますが（民法167条1項）、種々の例外規定が設けられています。保険金請求権の消滅時効についても、保険法により、消滅時効期間が規定され

ています。

2　保険金請求権の消滅時効の期間

　法95条1項は、「保険給付を請求する権利……は、3年間行わないときは、時効によって消滅する。」と規定しており、保険金請求権の消滅時効期間が3年間であることを明らかにしています。

　この消滅時効期間について、旧商法では2年間と定められていましたので、保険法では1年延長されたことになります。これは、保険法においては、保険契約者の保護を厚くするという要請があったこと、また、従前から生命保険においては、約款で保険金請求権の消滅時効期間を3年とする旨の規定が設けられていることが多かったこと等を踏まえて、法律上も消滅時効期間が3年とされたものです。

3　保険金請求権の消滅時効期間の起算点

　消滅時効は、権利を行使することができる時から進行するとされています（民法166条1項）。

　保険金請求権についても、保険法には消滅時効期間の起算点について特別の規定はありませんので、民法の原則どおり「権利を行使することができる時」から消滅時効期間が進行することになります。

　この「権利を行使することができる時」については、単にその権利の行使につき法律上の障害がないというだけでなく、さらに権利の性質上、その権利行使が現実に期待できるものであることが必要とされます（最判昭和45・7・15民集24巻7号771頁ほか）。ただ、保険金請求権については、具体的にどの時点をもって「権利を行使することができる時」といえるのかについては、従来から見解が分かれています。

　この点に関する見解を大きく分けると、①保険事故が発生した時から消滅時効期間が進行するとの説（保険事故発生時説）、②保険約款で保険金が請求されてから一定期間内に支払うとの規定がある場合、保険金の請求をした後、その期間が経過した後に消滅時効期間が進行するとの説（猶予期

間経過時説）に分けられます（山下友信『保険法』537頁）。

　この点について、猶予期間経過説を採用した大審院判決があるものの（大判大正14・2・19法律新聞2376号19頁）、猶予期間経過説は保険金請求がなかった場合にいつから時効が進行するのか明らかでなく、保険金請求がなされない場合、約款の猶予期間の定めは権利行使の法律上の障害ではないとして保険事故発生のときから進行すると解するのであれば、保険金請求がなされた場合も同様に解すべきであるといえます（山下友信『保険法』539頁）。

　この点に関し、最高裁判例（最判平成15・12・11民集57巻11号2196頁）は、生命保険契約において被保険者が死亡したものの（保険事故の発生）、被保険者の死亡の事実が同人死亡後3年以上発覚しなかったという事案において、被保険者の死亡が発生した時から被保険者の遺体が発見されるまでの間は、当時の客観的な状況等に照らし、その権利行使が現実に期待できないような特段の事情が存したものというべきであり、その間は消滅時効は進行しないものと解すべき、と判示しており、参考になります。

　また、近時、最高裁は、「保険金請求権は保険者が保険金請求の書類又は証拠を受領した日の翌日から起算して30日経過した日の翌日から起算して2年経過した場合は時効によって消滅する」旨の約款が存在し、訴訟提起時には保険金請求書類を保険者が受領してから30日経過した日の翌日から2年以上経過していたが、保険者の代理人が保険契約者に調査への協力を求める協力依頼書を送付していたという事案において、協力依頼書の送付行為は調査結果が出るまで保険金支払の履行期を延期することを求めるものであり、保険金請求権の履行期は免責通知書が届くまで延期されているから、消滅時効は訴訟提起時には未だ完成していないと判断しました（最判平成20・2・28金融・商事判例1292号60頁）。この判断は、消滅時効の起算点を柔軟に解して保険契約者の保護を図るものであり、保険法のもとで保険給付の履行期が片面的強行規定（法21条1項・52条1項・81条1項）となったからといって、その趣旨が否定されるものではないと考えます。

〔衛藤祐樹〕

2　保険者の破産

Question 67

保険者が破産した場合、保険契約はどのようになるのでしょうか。

Answer

保険者が破産手続開始の決定を受けたときは、保険契約者は、保険契約を解除することができます（法96条1項）。仮に、保険契約者が解除しなかった場合でも、破産手続開始の決定の日から3か月を経過した日に保険契約は効力を失います（法96条2項）。

――― 解　説 ―――

1　破産手続

破産手続とは、債務者に破産原因がある場合に、裁判所に対する申立により開始される清算型の倒産手続です。破産手続が開始されると、裁判所により破産管財人が選任され、破産管財人によって、破産財団に帰属する財産が管理され、換価・回収され、破産者に対する債権者へ配当されます。破産原因は、法人の場合、支払不能にあること、または債務超過にあることであり（破産法16条）、破産者に対して債権を有している者は、その債権全額回収することは基本的には困難となります。

2　保険者の破産と保険契約

保険者が破産手続開始の決定を受けたときは、保険契約者は、保険契約を解除することができます（法96条1項）。また、保険契約者が、自ら保険契約の解除をしなかったときは、当該保険契約は、破産手続開始決定の日から3か月を経過した日に効力を失うことになります（法96条2項）。

この点、保険契約は双務契約ですが、一般の双務契約の場合は、破産管財人が当該契約を解除するか、債務の履行をするかの選択権を有することになり、相手方は、破産管財人に対して相当の期間を定めて契約を解除す

るのか、債務を履行するのかを確答すべきよう催告することができるにすぎません（破産法53条1項・2項）。

　かかる破産法の原則を保険法に適用した場合、保険契約者が不安定な地位に置かれることになるため、保険法において保険契約においては保険契約者に解除権を認めたのです。ただ、保険契約者が解除しない場合、破産手続がいつまでも終了しないことになる不都合を避けるために、破産手続開始決定から3か月経過した時点で、保険契約は当然に失効することとしたものです。

　たとえば、売買契約であれば、破産者の手元にある在庫商品を引き渡す代わりに代金を支払ってもらう等により破産手続開始決定後も履行を選択する可能性がありますが、保険契約において保険者が破産した場合には、保険契約を存続させて、保険者が保険金を支払うという余地は認め難いため、上記のような定めとなっています。

〔衛藤祐樹〕

3　保険金の不払・支払漏れ

Question 68

近時、問題となっている保険金等の不適切な不払、付随的な保険金の支払漏れとはどのようなものでしょうか。その概念や具体例について、教えてください。

Answer

保険金等の不適切な不払とは、保険契約者等から保険金等の請求を受けた保険会社が、不適切な判断により保険金等を支払っていなかったことをいい、たとえば、詐欺・錯誤を不当に広く適用し、保険金等を不払とした事例が該当します。

一方、付随的な保険金の支払漏れとは、保険事故が発生し、主たる保険金の支払は行われているにもかかわらず、臨時費用保険金等の付随的な保険金について、保険契約者等から請求がなかったため、本来支払われていなければならないものを支払っていなかったことをいい、たとえば、付随的な保険金（見舞金、香典、代車費用等）について契約者から請求がなかったため、支払っていない事例が該当します。

― 解　説 ―

1　概念の確認

金融庁は、保険会社の保険金等の支払に関する不適切な取扱いについて、①保険金等の不適切な不払、②保険金等の支払漏れ、③がん保険等における保険金等の支払に関し、被保険者にがんの告知が行われていない等の理由から、保険会社が、保険金等の支払を留保したものについて、留保の理由が消滅した後も支払っていなかったもの、の3つに分類のうえ把握しています。

③はいわば特殊な事例であり、ここでは社会問題化した①保険金等の不適切な不払、および②保険金等の支払漏れ、について説明します。

保険金等の不適切な不払とは、保険契約者等から保険金等の請求を受けた保険会社が、不適切な判断により保険金等を支払っていなかったことをいいます。つまり、その判断が、事業方法書・普通保険約款で定められたものに反して行われていた場合を指します。

一方、付随的な保険金の支払漏れとは、保険事故が発生し、主たる保険金の支払は行われているにもかかわらず、臨時費用保険金等の付随的な保険金について、保険契約者等から請求がなかったため、本来支払われていなければならないものを支払っていなかったことをいいます。

これを比較すると、保険金等の不適切な不払は、その行為自体が、基礎書類（事業方法書・普通保険約款）に違反するものであり、保険業法133条に基づく重い行政処分（業務停止命令・役員解任命令・免許取消処分）等の対象ともなりうるもので、コンプライアンス違反の程度は相対的に重大なものと評価できます。

一方、付随的な保険金の支払漏れは、その行為自体は、法令や上記のような基礎書類に違反するものではありませんが（普通保険約款等においては、顧客からの請求をもって保険金等の支払義務が発生するものとされているため）、それが大量に発生していることに鑑みれば、保険会社の体制整備が適切な業務運営の観点から問題があるものと判断される場合があります。そのような場合には、保険業法132条に基づく業務改善命令等の行政処分がなされることとなります。

2 具体例

(1) 保険金等の不適切な不払について

たとえば、以下のような事例が具体例として指摘できます。

① 詐欺・錯誤を不当に広く適用し、保険金等を不払とした事例
  ・確定診断等がなく、欺罔の意思を認めることが困難なもの
  ・他社の募集人であることの秘匿等、重要事項の告知義務違反とはいえず、詐欺を問うことが困難なもの
  ・不告知教唆等不適切な募集行為が認められるもの

・商品特性（貯蓄性商品）から、欺罔の意思を認めることが困難なもの
② 重過失免責を不当に広く適用し、保険金等を不払とした事例
③ 告知義務違反教唆があっても常に告知義務違反を問い、保険金等を不払とした事例
④ 医療保険の始期前発病につき、約款上医師の診断が必要であるのに、社員が自ら判定を行い、免責を不適切に適用し、保険金等を不払とした事例
⑤ 告知義務違反解除について、告知事項とは因果関係がない保険事故へその免責を適用したり、除斥期間経過後に解除を行ったりして、保険金等を不払とした事例

(2) 付随的な保険金の支払漏れについて

たとえば、以下のような事例が具体例として指摘できます。
① 付随的な保険金（見舞金、香典、代車費用等）について契約者から請求がなかったため、支払っていない事例
② 生命保険において、保険金等の請求に必要な診断書等に記載された入院、手術等に関する情報の見落とし等により、保険金等が支払われていない事例
③ 診断書等から、請求を受けたもの以外にも支払える可能性がある保険金等があったにもかかわらず、その旨の案内をしていなかったことにより保険金等が支払われていない事例
④ 複数の保険契約の加入がある契約者等から、一部の契約について保険金等の請求を受けた場合に、支払える可能性がある別の保険金等があったにもかかわらず、その旨の案内をしなかったことにより、保険金等が支払われていない事例
⑤ 失効契約に係る返戻金について、案内が不足し、保険金等が支払われていない事例
⑥ 遅延利息について、支払金額が過少であった事例

3　まとめ

　これらの問題は、保険会社や業界内に存在したさまざまな要因から発生したもので、その再発防止策についても保険金等の支払判断の適切性を確保しうる、あるいは顧客が適切に保険金等の請求を行えるような環境を整備するためのさまざまな体制整備が必要となります。

　各保険会社においては、監督指針Ⅱ－3－5－2「保険金等支払管理態勢」の箇所や、業界自主ガイドライン等を参考にしつつ、自社の規模・特性に合致した保険金等支払管理態勢を構築したうえで、適時の事後検証や改善を図っていく必要があります。

　特に、保険金等の支払判断時における部門間連携は重要であり、販売勧誘時の保険会社側の問題を看過し、その不利益を顧客に転嫁するような支払判断を行うことのないよう留意する必要があります。

〔錦野裕宗〕

編集代表・執筆者一覧

●編集代表
　錦野 裕宗（弁護士）
　松本 久美子（弁護士）

●執 筆 者
　錦野 裕宗（弁護士）
　松本 久美子（弁護士）
　國吉 雅男（弁護士）
　衛藤 祐樹（弁護士）
　山田 威一郎（弁護士）
　吉田 伸哉（弁護士）
　加來 武宜（弁護士）
　平山 浩一郎（弁護士）
　古川 純平（弁護士）

　　　（以上、弁護士法人 中央総合法律事務所・所属）

【編集代表紹介】

錦野 裕宗（にしきの ひろのり）
　京都大学法学部卒業
　1999年　弁護士登録（大阪弁護士会）、中央総合法律事務所入所
　2005年4月～2007年5月　金融庁監督局保険課に任期付国家公務員として勤務
　2007年　同志社大学法科大学院嘱託講師（「保険法」等担当）

〈主な著作等〉
- 「保険商品の販売・勧誘ルールの整備」（金融法務事情1810号、2007年）
- 「OPINION　破産管財人の悩みと保険法改正への期待－責任保険における優先的な被害回復の方策－」（金融法務事情1818号、2007年）
- 「Q＆A 新保険法の概要と銀行の業務に与える影響」（銀行法務21　712号、2010年）

松本 久美子（まつもと くみこ）
　神戸大学法学部卒業
　2007年　弁護士登録（大阪弁護士会）、中央総合法律事務所入所

一問一答　新保険法の実務

2010年5月10日　初版第1刷発行

編　　者		弁護士法人 中央総合法律事務所
発 行 者		下 平 晋 一 郎
発 行 所		㈱経済法令研究会

〒162-8421　東京都新宿区市谷本村町3-21
電話　代表　03-3267-4811　制作　03-3267-4823

営業所／東京03（3267）4812　大阪06（6261）2911　名古屋052（332）3511　福岡092（411）0805

カバーデザインおよび組版／DTP室　制作／地切　修　印刷／㈱加藤文明社

©Chuo-sogo Law office 2010　Printed in Japan　　ISBN978-4-7668-2207-6

"経済法令グループメールマガジン"配信ご登録のお勧め
当社グループが取り扱う書籍、通信講座、セミナー、検定試験情報等、皆様にお役立ていただける情報をお届け致します。下記ホームページのトップ画面からご登録いただけます。
☆　経済法令研究会　http://www.khk.co.jp/　☆

定価はカバーに表示してあります。無断複製・転用等を禁じます。落丁・乱丁本はお取替えします。